BRAZILIAN JIU-JITSU
Lee Bros 208 Techniques

CONTENTS

CHAPTER 01 — Bottom Position

Technique 001	Pulling Closed Guard from Standing Position / 스탠딩 상황에서 클로즈가드 풀링	008
Technique 002	Arm Bar from Closed Guard / 클로즈가드에서 암바	009
Technique 003	Triangle Choke from Closed Guard ❶ / 클로즈가드에서 트라이앵글 초크 ❶	010
Technique 004	Triangle Choke from Closed Guard ❷ / 클로즈가드에서 트라이앵글 초크 ❷	011
Technique 005	Kimura Lock from Closed Guard / 클로즈가드에서 기무라 락	012
Technique 006	Kimura Lock to Hip Bump Sweep / 기무라 락에서 힙범프 스윕으로 전환	013
Technique 007	Kimura Lock from Side Position / 사이드 포지션에서 기무라 락	014
Technique 008	Cross Choke from Closed Guard ❶ / 클로즈가드에서 크로스초크 ❶	015
Technique 009	Cross Choke from Closed Guard ❷ / 클로즈가드에서 크로스초크 ❷	016
Technique 010	Cross Choke from Closed Guard ❸ / 클로즈가드에서 크로스초크 ❸	017
Technique 011	Cross Choke from Open Guard / 오픈가드에서 크로스초크	018
Technique 012	Loop Choke from Closed Guard / 클로즈가드에서 루프초크	019
Technique 013	Loop Choke Counter to Guard Pass / 상대방 가드패스시 루프초크 카운터	020
Technique 014	Closed Guard to Omoplata ❶ / 클로즈가드에서 오모플라타 ❶	021
Technique 015	Closed Guard to Omoplata ❷ / 클로즈가드에서 오모플라타 ❷	022
Technique 016	Omoplata to Back Roll Sweep / 오모플라타에서 백롤 스윕	023
Technique 017	Closed Guard to Omoplata ❸ / 클로즈가드에서 오모플라타 ❸	024
Technique 018	Toe Hold from Omoplata / 오모플라타에서 토홀드	025
Technique 019	Triangle Choke from Omoplata / 오모플라타에서 트라이앵글 초크	026
Technique 020	Arm Bar from Omoplata / 오모플라타에서 암바	027
Technique 021	Arm Bar to Omoplata / 암바에서 오모플라타	028
Technique 022	Reverse Arm Bar from Butterfly Guard / 버터플라이가드에서 리버스암바	029
Technique 023	Reverse Arm Bar from Closed Guard / 클로즈가드에서 리버스암바	030
Technique 024	Triangle Choke from Technique 023 / 023번 테크닉에서 트라이앵글 초크	031
Technique 025	Triangle Choke to Arm Bar / 트라이앵글 초크에서 암바	032
Technique 026	Triangle Choke to Omoplata / 트라이앵글 초크에서 오모플라타	033
Technique 027	Triangle Choke to Baratoplata / 트라이앵글 초크에서 바라토플라타	034
Technique 028	Closed Guard to Scissor Sweep / 클로즈가드에서 시저 스윕	035
Technique 029	Closed Guard to Flower Sweep / 클로즈가드에서 플라워 스윕	036
Technique 030	Collar and Sleeve Guard to Sickle Sweep / 칼라 앤드 슬리브 가드에서 씨클 스윕	037
Technique 031	Sickle Sweep to Tripod Sweep / 씨클 스윕에서 트라이포드 스윕	038
Technique 032	Taking Back from Double Ankle Grab Sweep / 더블 앵클 그랩 스윕에서 백마운트 점유하기	039
Technique 033	Sweep from X-Guard ❶ / 엑스가드에서 스윕 ❶	040
Technique 034	Sweep from X-Guard ❷ / 엑스가드에서 스윕 ❷	041
Technique 035	Sweep from X-Guard ❸ / 엑스가드에서 스윕 ❸	042
Technique 036	Taking Back from X-Guard / 엑스가드에서 백마운트 점유하기	043
Technique 037	Sweep from Butterfly Guard / 버터플라이가드에서 스윕	044
Technique 038	Taking Back from Technique 037 / 037번 테크닉에서 백마운트 점유하기	045
Technique 039	Taking Back from Arm Drag / 암드래그로 백마운트 점유하기	046
Technique 040	Taking Back from Closed Guard ❶ / 클로즈가드에서 백마운트 점유하기 ❶	047
Technique 041	Taking Back from Closed Guard ❷ / 클로즈가드에서 백마운트 점유하기 ❷	048
Technique 042	Butterfly Sweep to X-Guard / 버터플라이 스윕에서 엑스가드 전환	049
Technique 043	Sweep from Spider Guard ❶ / 스파이더 가드에서 스윕 ❶	050
Technique 044	Sweep from Spider Guard ❷ / 스파이더 가드에서 스윕 ❷	051
Technique 045	Sweep from Spider Guard ❸ / 스파이더 가드에서 스윕 ❸	052
Technique 046	Taking Back from Technique 045 / 045번 테크닉에서 백마운트 점유하기	053
Technique 047	Sweep from Spider Guard ❹ / 스파이더 가드에서 스윕 ❹	054
Technique 048	Sweep from Spider Guard ❺ / 스파이더 가드에서 스윕 ❺	055
Technique 049	Technique 048 to Sweep / 048번 테크닉에서 스윕	056
Technique 050	Taking Back from Technique 049 / 049번 테크닉에서 백마운트 점유하기	057
Technique 051	Arm Lock from Spider Guard / 스파이더 가드에서 암락	058
Technique 052	Sweep from Half Guard ❶ / 하프 가드에서 스윕 ❶	059
Technique 053	Taking Back from Technique 052 / 052번 테크닉에서 백마운트 점유하기	060
Technique 054	Sweep from Half Guard ❷ / 하프 가드에서 스윕 ❷	061
Technique 055	Sweep from Half Guard ❸ / 하프 가드에서 스윕 ❸	062
Technique 056	Half Guard to X-Guard / 하프 가드에서 엑스 가드로 전환	063
Technique 057	Knee Shield Half Guard to Back Mount Position / 니실드 하프 가드에서 백마운트 점유하기	064
Technique 058	Sweep from Knee Shield Half Guard ❶ / 니실드 하프 가드에서 스윕 ❶	065
Technique 059	Sweep from Knee Shield Half Guard ❷ / 니실드 하프 가드에서 스윕 ❷	066

Technique 060	Deep Half Guard Set Up	딥 하프 가드 셋업	067
Technique 061	Sweep from Deep Half Guard ❶	딥 하프 가드에서 스위프 ❶	068
Technique 062	Sweep from Deep Half Guard ❷	딥 하프 가드에서 스위프 ❷	069
Technique 063	Taking Back from Technique 062	62번 테크닉에서 백마운트 점유하기	070
Technique 064	Sweep from Lasso Guard ❶	라쏘 가드에서 스위프 ❶	071
Technique 065	Sweep from Lasso – De la Riva Guard ❶	라쏘 – 데라히바 가드에서 스위프	072
Technique 066	Sweep from Lasso – De la Riva Guard ❷	라쏘 – 데라히바 가드에서 스위프 ❷	073
Technique 067	Sweep from Lasso – X Guard	라쏘 – 엑스 가드에서 스위프	074
Technique 068	Triangle Choke from Lasso Guard ❶	라쏘 가드에서 트라이앵글 초크 ❶	075
Technique 069	Triangle Choke from Lasso Guard ❷	라쏘 가드에서 트라이앵글 초크 ❷	076
Technique 070	Pulling De La Riva Guard from Standing to Sweep	스탠딩 상황에서 데라히바 가드 풀링 후 스윕	077
Technique 071	De La Riva Guard to Technical Stand up Sweep	데라히바 가드에서 테크니컬 스탠드 업 스윕	078
Technique 072	De La Riva Guard to Roll over Sweep	데라히바 가드에서 롤 오버 스윕	079
Technique 073	De La Riva Guard to Leg Drag to Taking Back	데라히바 가드에서 래그 드래그로 전환 후 백 포지션 점유하기	080
Technique 074	De La Riva Guard to Berimbolo	데라히바 가드에서 베림보로	081
Technique 075	Technique 074 to Reverse Half Guard Position	074번 테크닉에서 리버스 하프 가드 상황으로 전환	082
Technique 076	Arm Bar from De La Riva Guard	데라히바 가드에서 암바	083
Technique 077	Triangle Choke from De La Riva Guard	데라히바 가드에서 트라이앵글 초크	084
Technique 078	Omoplata from Technique 077	077번 테크닉에서 오모플라타	085
Technique 079	Sweep from Reverse De La Riva Guard ❶	리버스 데라히바 가드에서 스위프 ❶	086
Technique 080	Taking Back from Reverse De La Riva Guard	리버스 데라히바 가드에서 백마운트 점유하기	087
Technique 081	Sweep from Reverse De La Riva Guard ❷	리버스 데라히바 가드에서 스위프 ❷	088
Technique 082	Sweep from Sit Up Guard	싯업 가드에서 스위프	089
Technique 083	Omoplata from Rubber Guard	러버 가드에서 오모플라타	090
Technique 084	Gogoplata from Rubber Guard	러버 가드에서 고고플라타	091
Technique 085	Taking Back from 50/50 Guard	50/50 가드에서 백마운트 점유하기	092
Technique 086	Worm Guard Set Up	웜 가드 셋업	093
Technique 087	Sweep from Worm Guard	웜 가드에서 스위프	094
Technique 088	Berimbolo from Technique 087	087번 테크닉에서 베림보로	095
Technique 089	Taking Back from Worm Guard	웜 가드에서 백마운트 점유하기	096

CHAPTER 01 Bottom Position

CHAPTER 02 Top Position

Technique 090	Ankle Pick Takedown	앵클 픽 테이크 다운	098
Technique 091	Single Leg Takedown	싱글 래그 테이크 다운	099
Technique 092	Arm Bar from Side Control ❶	사이드 컨트롤에서 암바 ❶	100
Technique 093	Arm Bar from Side Control ❷	사이드 컨트롤에서 암바 ❷	101
Technique 094	Arm Bar from Mount	마운트 포지션에서 암바	102
Technique 095	Arm Bar from Turtle Position	터틀 포지션에서 암바	103
Technique 096	Triangle Choke from Mount	마운트 포지션에서 트라이앵글 초크	104
Technique 097	Triangle Choke from Side Control	사이드 컨트롤에서 트라이앵글 초크	105
Technique 098	Triangle Choke from Back Mount Position	백마운트 컨트롤에서 트라이앵글 초크	106
Technique 099	Rear Naked Choke from Back Mount Position	백마운트 포지션에서 리어 네이키드 초크 (RNC)	107
Technique 100	Bow and Arrow Choke from Back Mount Position	백마운트 포지션에서 보우 앤드 에로우 초크	108
Technique 101	Bow and Arrow Choke from Turtle Position	터틀 포지션에서 보우 앤드 에로우 초크	109
Technique 102	Collar Choke from Back Mount Position ❶	백마운트 포지션에서 칼라 초크 ❶	110
Technique 103	Collar Choke from Back Mount Position ❷	백마운트 포지션에서 칼라 초크 ❷	111
Technique 104	Arm Triangle from Side Control	사이드 컨트롤에서 암 트라이앵글 초크	112
Technique 105	Arm Triangle from Mount	마운트 포지션에서 암 트라이앵글 초크	113
Technique 106	Cross Choke from Side Control	사이드 컨트롤에서 크로스 초크	114
Technique 107	Baseball Bat Choke from Knee on Belly Position	니 온 벨리 포지션에서 베이스볼 벳 초크	115
Technique 108	Ezekiel Choke from Mount	마운트 포지션에서 이제키엘 초크	116
Technique 109	Ezekiel Choke from Side Control	사이드 컨트롤에서 이제키엘 초크	117
Technique 110	Foot Lock from Opponent's Open Guard	상대방의 오픈 가드에서 풋락	118
Technique 111	Knee Bar to Toe Hold from Opponent's Open Guard	상대방의 오픈 가드에서 니바, 토홀드로 전환	119
Technique 112	Americana Lock from Side Control	사이드 컨트롤에서 아메리카나 락	120
Technique 113	Americana Lock from Mount	마운트 포지션에서 아메리카나 락	121
Technique 114	Arm Bar from Back Mount Position	백마운트 포지션에서 암바	122
Technique 115	Kimura Counter to Arm Bar	기무라 카운터로 암바	123
Technique 116	Arm Lock from Scarf Hold	스카프 홀드에서 암락	124

CONTENTS

CHAPTER 02 Top Position

Technique 117	Arm Lock from Technique 116	116 테크닉에서 암락	125
Technique 118	Breaking Closed Guard ❶	클로즈 가드 빠져나오기 ❶	126
Technique 119	Breaking Closed Guard ❷	클로즈 가드 빠져나오기 ❷	127
Technique 120	Closed Guard to Knee Cut	클로즈가드에서 니컷으로 전환	128
Technique 121	Passing the Closed Guard ❶	클로즈가드 패스 ❶	129
Technique 122	Closed Guard to Stack Pass ❶	클로즈가드에서 스택 패스 ❶	130
Technique 123	Closed Guard to Stack Pass ❷	클로즈가드에서 스택 패스 ❷	131
Technique 124	Knee Cut Pass	니컷 패스	132
Technique 125	X Pass to Leg Drag	엑스 패스에서 래그 드래그	133
Technique 126	Toreando Pass	토리안도 패스	134
Technique 127	Jumping X Pass	점핑 엑스 패스	135
Technique 128	Butterfly Guard Pass ❶	버터플라이 가드 패스 ❶	136
Technique 129	Butterfly Guard Pass ❷	버터플라이 가드 패스 ❷	137
Technique 130	Shin Slide Pass	신 슬라이드 패스	138
Technique 131	Long Step Pass	롱 스탭 패스	139
Technique 132	Knee Cut to Leg Drag	니컷에서 래그 드래그	140
Technique 133	Leg Drag to Knee Slide Pass	래그 드래그에서 니 슬라이드 패스	141
Technique 134	Knee Cut to Long Step Pass	니컷에서 롱 스탭 패스	142
Technique 135	Spider Guard Pass ❶	스파이더 가드 패스 ❶	143
Technique 136	Spider Guard Pass ❷	스파이더 가드 패스 ❷	144
Technique 137	Spider Guard Pass ❸	스파이더 가드 패스 ❸	145
Technique 138	Spider Guard Pass ❹	스파이더 가드 패스 ❹	146
Technique 139	Spider Guard to Knee Slide Pass	스파이더 가드에서 니 슬라이드 패스	147
Technique 140	Spider Guard to Long Step Pass	스파이더 가드에서 롱 스탭 패스	148
Technique 141	Spider Guard to X Pass	스파이더 가드에서 엑스 패스	149
Technique 142	Spider Guard to Leg Drag Pass	스파이더 가드에서 래그 드래그 패스	150
Technique 143	Lasso Guard Pass ❶	라쏘 가드 패스 ❶	151
Technique 144	Lasso Guard to Folding Pass	라쏘 가드에서 폴딩 패스	152
Technique 145	Lasso Guard to Shin Slide Pass	라쏘 가드에서 신 슬라이드 패스	153
Technique 146	Lasso Guard Pass ❷	라쏘 가드 패스 ❷	154
Technique 147	X Guard Pass ❶	엑스 가드 패스 ❶	155
Technique 148	X Guard Pass ❷	엑스 가드 패스 ❷	156
Technique 149	X Guard Pass ❸	엑스 가드 패스 ❸	157
Technique 150	X Guard to Long Step Pass ❶	엑스 가드에서 롱 스탭 패스 ❶	158
Technique 151	X Guard to Long Step Pass ❷	엑스 가드에서 롱 스탭 패스 ❷	159
Technique 152	Taking Back from X-Guard	엑스 가드에서 백마운트 점유하기	160
Technique 153	Half Guard Pass ❶	하프 가드 패스 ❶	161
Technique 154	Half Guard Pass ❷	하프 가드 패스 ❷	162
Technique 155	Half Guard to Knee Slide Pass	하프 가드에서 니 슬라이드 패스	163
Technique 156	Half Guard to Revese Half Guard Pass	하프 가드에서 리버스 하프가드로 전환 후 패스	164
Technique 157	Taking Back from Revese Half Guard	리버스 하프가드에서 백마운트 점유하기	165
Technique 158	Leg Weave Pass	래그 위브 패스	166
Technique 159	Half Guard to Knee Cut Pass	하프 가드에서 니컷 패스	167
Technique 160	Smash Pass	스매쉬 패스	168
Technique 161	Deep Half Guard Pass	딥 하프 가드 패스	169
Technique 162	Leg Drag Pass	래그 드래그 패스	170
Technique 163	Collar and Sleeve Guard to Long Step Pass	칼라 앤드 슬리브에서 롱 스탭 패스	171
Technique 164	De la Riva - Spider Guard to Leg Drag Pass	데라히바 스파이더 가드에서 래그 드래그 패스	172
Technique 165	Reverse De la Riva Pass	리버스 데라히바 패스	173
Technique 166	Sitting Guard Pass ❶	시팅 가드 패스 ❶	174
Technique 167	Sitting Guard Pass ❷	시팅 가드 패스 ❷	175
Technique 168	Knee On Belly Transitions ❶	니 온 벨리 전환 ❶	176
Technique 169	Knee On Belly Transitions ❷	니 온 벨리 전환 ❷	177
Technique 170	Berimbolo from Top Position	탑 포지션에서 베림보로	178
Technique 171	Double Under Pass to Back	더블 언더 패스로 백마운트 점유하기	179
Technique 172	Helicopter Choke	헬리콥터 초크	180
Technique 173	Loop Choke from Sprawl	스프롤 상태에서 루프 초크	181
Technique 174	Anaconda Choke	아나콘다 초크	182
Technique 175	Darce Choke	다스 초크	183

| Technique 176 | Clock Choke / 클락 초크 | 184 |

CHAPTER 03 Escape

Technique 177	Mount Escape ❶ / 마운트 포지션 탈출 ❶	186
Technique 178	Mount Escape ❷ / 마운트 포지션 탈출 ❷	187
Technique 179	Mount Escape ❸ / 마운트 포지션 탈출 ❸	188
Technique 180	Mount Escape ❹ / 마운트 포지션 탈출 ❹	189
Technique 181	Mount Escape ❺ / 마운트 포지션 탈출 ❺	190
Technique 182	Side Control Escape ❶ / 사이드 컨트롤 탈출 ❶	191
Technique 183	Side Control Escape ❷ / 사이드 컨트롤 탈출 ❷	192
Technique 184	Side Control Escape ❸ / 사이드 컨트롤 탈출 ❸	193
Technique 185	Side Control Escape ❹ / 사이드 컨트롤 탈출 ❹	194
Technique 186	Side Control Escape ❺ / 사이드 컨트롤 탈출 ❺	195
Technique 187	Half Guard Escape / 하프 가드 탈출	196
Technique 188	Sprawl / Front Headlock Escape / 스프롤 / 프론트 헤드락 탈출	197
Technique 189	Escape from Turtle Position / 터틀 포지션 탈출	198
Technique 190	Escape from North South ❶ / 노스 사우스 포지션 탈출 ❶	199
Technique 191	Escape from North South ❷ / 노스 사우스 포지션 탈출 ❷	200
Technique 192	Escape from Back Control ❶ / 백마운트 컨트롤 탈출 ❶	201
Technique 193	Escape from Back Control ❷ / 백마운트 컨트롤 탈출 ❷	202
Technique 194	Arm Bar Escape ❶ / 암바 탈출 ❶	203
Technique 195	Arm Bar Escape ❷ / 암바 탈출 ❷	204
Technique 196	Triangle Choke Escape ❶ / 트라이앵글 초크 탈출 ❶	205
Technique 197	Triangle Choke Escape ❷ / 트라이앵글 초크 탈출 ❷	206
Technique 198	Triangle Choke Escape ❸ / 트라이앵글 초크 탈출 ❸	207
Technique 199	Triangle Choke Escape ❹ / 트라이앵글 초크 탈출 ❹	208
Technique 200	Omoplata Escape ❶ / 오모플라타 탈출 ❶	209
Technique 201	Omoplata Escape ❷ / 오모플라타 탈출 ❷	210
Technique 202	Americana Lock Escape / 아메리카나 락 탈출	211
Technique 203	Bow And Arrow Choke Escape / 보우 앤드 에로우 초크 탈출	212
Technique 204	Scarf Hold Escape ❶ / 스카프 홀드 탈출 ❶	213
Technique 205	Scarf Hold Escape ❷ / 스카프 홀드 탈출 ❷	214
Technique 206	Scarf Hold Escape ❸ / 스카프 홀드 탈출 ❸	215
Technique 207	Leg Drag / 레그 드래그	216
Technique 208	Berimblo / 베림보로	217

| Profile / 프로필 | 218 |

Message from Lee Bros
이정우, 이정용 형제의 주짓수 기술서 책을 출간하면서

2000년대 초반 UFC와 프라이드FC 라는 종합격투기의 인기를 기반으로 한국에서도 '브라질리언 주짓수' 라는 새로운 격투 스포츠의 패러다임이 사람들의 관심을 받으며 성장해왔습니다. 한국에 브라질리언 주짓수가 정착한 지도 올해로 20년이 되었습니다. 지난 20년간 한국의 브라질리언 주짓수는 1세대 블랙벨트 지도자분들에 의해 많은 발전이 있었습니다. 브라질리언 주짓수가 남, 녀 노소 누구나 할 수 있으며, 다이어트, 건강, 호신을 위한 목적 등 각자의 성향에 따라 다양한 테마를 바탕으로 많은 사람들의 사랑을 받으며 성장을 거듭해왔습니다. 또한 국내 브라질리언 주짓수 선수들이 세계무대의 선수들과 비교해도 결코 뒤지지 않는 높은 수준의 경기력을 가지고 있다는 것을 입증하면서 브라질리언 주짓수의 인기는 가히 폭발적이라 할 수 있을 만큼 높아지고 있습니다.

여성 수련인의 수요도 늘면서 언제까지나 소수일 것 같던 여성 수련인들이 참여 문화를 주도하고 있는 것 역시 놀라운 변화 중 하나입니다.
이러한 주짓수의 인기는 보는 격투 스포츠에서 직접 하는 격투 스포츠로 이어져 전국적으로 유소년과 일반인이 크게 증가하게 되었고, 주짓수를 즐기려는 사람들도 부쩍 늘어 현재 일반인 주짓수 수련 인구는 5만이 넘는 것으로 집계되고 있습니다.

국내에는 아직까지 그들이 교과서처럼 볼 수 있는 제대로 된 주짓수 교본조차 턱없이 부족한 상황입니다. 주짓수를 배우고자 하는 분들은 많은데, 그 뜨거운 열정에 비해 한없이 부족한 인프라와 여건을 보면서 안타까울 때가 많았습니다.

이에 이정우 관장은 국내 브라질리언 주짓수 1세대 블랙벨트로서 책임감과 제대로 된 브라질리언 주짓수 기술서에 대한 수련인들의 니즈에 부응하기 위해 오랜 기간 이 책을 준비해왔습니다. 『브라질리언 주짓수』는 현재 전국 40여 군데 본주짓수 지부 총괄을 맡고 있는 이정우 관장이 직접 만든 본격 주짓수 기술서입니다.

브라질리언 주짓수를 시작하시는 분들이 충실한 길라잡이로 활용할 수 있도록 주짓수의 기초와 기본기를 체계적으로 다루었고, 본주짓수 이정우관장의 전문적이고도 상세한 설명과 각 포지션별 핵심 기술을 사진으로 보다 쉽고 자세하게 배울 수 있도록 하였습니다.

특히 이 책의 큰 장점은 동영상으로는 못느끼는 부분을 보다 효과적으로 이 책을 통해 활용할 수 있도록 하였습니다.
또한 이해하기 힘든 부분까지 쉽고 자세하게 배울 수 있기 때문에 그 동안 브라질리언 주짓수 기술 습득에 어려움을 겪었을 수련인들의 고민을 해결해줄 것이라 믿습니다.

이 책을 통해 브라질리언 주짓수를 처음 시작하는 유소년 수련인들과 즐기는 일반인, 대회에 참가하는 선수들이 보다 높은 수준의 경기를 펼칠 수 있기를 기대해봅니다.

2019년 2월 1일
이정우 관장

Brazilian Jiu-Jitsu

CHAPTER 01 →
Bottom Position

Technique 001
Bottom Position

Pulling Closed Guard from Standing Position
스탠딩 상황에서 클로즈가드 풀링

01 ▶ 왼손은 팔꿈치 아래를, 오른손은 목깃을 잡은 상태.

02 ▶ 팔꿈치 잡은 쪽 다리를 상대방의 골반을 밟는다. 반대 다리로 밟는 경우, 상대방에게 다리를 잡혀 테이크다운 당할 수 있으므로 주의한다.

03 ▶ 가드로 내려갈 때, 상대방을 뒤로 당기는 것이 아니라, 다리를 밟은 쪽으로 상체를 45도 정도 틀어주며 상대방을 오른쪽 사진처럼 시계 방향으로 끌어당긴다.

04 ▶ 상대방의 상체가 정면에 오면 양손으로 상체를 끌어 당기며, 오른발 왼발 순서로 허리를 감아 클로즈가드로 간다.

Arm Bar from Closed Guard

클로즈가드에서 암바

Technique 002
Bottom Position

01 ▶ 왼손은 상대방 소매깃, 오른손은 목깃을 잡은 클로즈가드 상태.

02 ▶ 오른손을 당겨 상대 베이스를 무너뜨린 후, 목깃을 놓고 상대방의 오른팔을 잡는다.

03 ▶ 양다리를 상대 겨드랑이로 이동해 하이가드를 만든 후, 왼손으로 상대방의 왼쪽 어깨를 잡는다.

04 ▶ 왼발을 상대의 골반을 밟고, 사진과 같이 엉덩이와 상체를 틀고, 오른쪽 무릎으로 상대방의 어깨를 눌러주며, 뒤꿈치를 내려준다.

05 ▶ 왼발은 상대방의 목에 걸고 무릎은 조여준다.

06 ▶ 양 뒤꿈치를 바닥으로 내려 상체를 들지 못하게 압박하고, 양손으로 상대방 손목을 잡아 가슴에 붙힌 후, 허리를 들어 암바를 시도한다.

Technique 003
Bottom Position

Triangle Choke from Closed Guard ❶
클로즈가드에서 트라이앵글 초크 ❶

01 ▶ 클로즈가드에서 양 소매를 잡고 있는 상태.

02 ▶ 오른손으로 상대방의 왼손을 배꼽 쪽으로 붙여준다.

03 ▶ 상대방 오른손을 자신의 오른쪽으로 당기며, 상대방 상체가 숙여지면 다리를 벌려준다.

04 ▶ 오른발로 상대방 후두부를 감싸 종아리로 조여준다.

05 ▶ 소매를 잡고 있던 왼손을 놓고, 자신의 발목을 잡는다.
이 때, 발끝을 잡으면 상대방이 고개를 들었을 때, 발목에 무리가 갈 수 있으므로 발목을 잡는다.

06 ▶ 왼손으로 발목을 잡은 채 사진과 같이 감고, 양 무릎을 조이며 양손으로 상대 머리를 감싸 트라이앵글 초크를 시도한다. 상체의 위치는 상대의 정면이 아니라 사진과 같이 비스듬하게 틀어주면 효과적이다. 뒤꿈치는 내려 압박을 가하도록 한다.

Triangle Choke from Closed Guard ❷

클로즈가드에서 트라이앵글 초크 ❷

Technique 004
Bottom Position

01 ▶ 클로즈가드에서 양 소매를 잡고 있는 상태.

02 ▶ 왼발로 골반을 밟고 왼쪽으로 엉덩이를 틀어 상대방과 거리를 만들어 준다.

03 ▶ 오른발을 빼내 골반을 밟고, 오른손으로 상대 왼손을 바깥으로 벌린 후, 오른발을 팔 사이로 빼내며 허리를 들어 상대 목을 감아준다.

04 ▶ 오른발로 상대방 후두부를 감싸 종아리로 조여준다. P10의 트라이앵글 초크1을 다시 시도한다.

Technique 005
Bottom Position

Kimura Lock from Closed Guard
클로즈가드에서 기무라 락

01 ▶ 클로즈가드에서 양 팔꿈치를 잡고 있는 상태.

02 ▶ 상대방의 양 팔꿈치를 밖으로 벌리며, 다리를 사용해 상대방의 상체를 끌어당긴다.

03 ▶ 상대방은 균형을 잡으려 바닥을 짚는다. 이 때, 몸을 비틀며 오른손을 상대방 팔꿈치 뒤로 넘겨 자신의 왼쪽 손목을 잡는다.

04 ▶ 뒤로 누우며 상대방의 팔을 화살표 방향으로 올려주며 기무라를 시도한다. 왼쪽 무릎은 화살표 방향으로 어깨를 눌러 상대가 일어나는 것을 막는다.

Kimura Lock to Hip Bump Sweep

기무라 락에서 힙범프 스윕으로 전환

Technique 006
Bottom Position

01 ▶ 기무라를 시도하는 중, 상대방이 양손을 잡고 방어하는 경우

02 ▶ 기무라 그립을 풀고 사진과 같이 왼손과 오른발을 바닥에 짚는다.

03 ▶ 시선은 뒤를 보며 엉덩이를 들며 상체를 틀어 상대방을 뒤집는다.

04 ▶ 양손으로 균형을 잡고 마운트 포지션을 점유한다.

Technique 009 Bottom Position
Cross Choke from Closed Guard ❷
클로즈가드에서 크로스초크 ❷

01 ▶ 클로즈가드에서 왼손으로 상대방의 오른쪽 목깃을 옆으로 벌려준 상태.

02 ▶ 오른손 손바닥을 위로 향하여 상대방의 목깃 안쪽을 깊게 잡는다.

03 ▶ 오른팔로 상대방의 턱을 올려주며, 왼손을 오른팔 밑으로 통과해 상대방의 왼쪽 목깃을 손바닥이 위로 향하게 잡는다.

04 ▶ 양 팔꿈치를 겨드랑이에 붙이며, 상체를 끌어당겨 초크를 시도한다.

Cross Choke from Closed Guard ❶

클로즈가드에서 크로스초크 ❶

Technique
008
Bottom Position

01 ▶ 클로즈가드에서 양 팔꿈치를 잡고 있는 상태

02 ▶ 상대방의 양 팔꿈치를 밖으로 벌리며, 다리를 사용해 상대방의 상체를 끌어당긴다.

03 ▶ 상대방은 균형을 잡으려 바닥을 짚는다. 이 때, 왼손으로 상대방의 오른쪽 목깃을 옆으로 벌려준 후, 오른손 손바닥을 위로 향하여 상대방의 목깃 안쪽을 깊게 잡는다.

04 ▶ 왼손은 자신의 오른손 위를 교차하도록 상대방의 왼팔 어깨쪽 도복을 잡는다.

05 ▶ 양 팔꿈치를 겨드랑이에 붙이며, 상체를 끌어당겨 초크를 시도한다.

Cross Choke from Closed Guard ❷

Technique 009 — Bottom Position

클로즈가드에서 크로스초크 ❷

01 ▶ 클로즈가드에서 왼손으로 상대방의 오른쪽 목깃을 옆으로 벌려준 상태.

02 ▶ 오른손 손바닥을 위로 향하여 상대방의 목깃 안쪽을 깊게 잡는다.

03 ▶ 오른팔로 상대방의 턱을 올려주며, 왼손을 오른팔 밑으로 통과해 상대방의 왼쪽 목깃을 손바닥이 위로 향하게 잡는다.

04 ▶ 양 팔꿈치를 겨드랑이에 붙이며, 상체를 끌어당겨 초크를 시도한다.

Cross Choke from Closed Guard ❸

클로즈가드에서 크로스초크 ❸

Technique 010
Bottom Position

01 ▸ 클로즈가드에서 왼손으로 상대방의 오른쪽 목깃을 벌려준 후, 오른손 손바닥을 위로 향하여 상대방의 목깃 안쪽을 깊게 잡은 상태.

02 ▸ 왼손 손등을 위로 향하여 오른손 윗부분의 목깃을 잡는다.

03 ▸ 왼손으로 목깃 윗부분을 잡은 채로 상체를 오른쪽으로 틀며, 상대방 머리 위로 왼팔을 넘겨 준다.

04 ▸ 양 팔꿈치를 겨드랑이에 붙이며, 상체를 끌어당겨 초크를 시도한다.

Cross Choke from Open Guard

Technique 011 — Bottom Position

오픈가드에서 크로스초크

01 ▶ 상대방이 무릎을 꿇고 있는 오픈 가드 상태

02 ▶ 왼손은 손등을 위로 향하여 엄지손가락만 목깃 안에 넣어 잡는다.

03 ▶ 오른손은 상대방의 왼쪽 목깃을 손바닥이 위로 향하도록 깊게 잡는다.

04 ▶ 다리를 사용해 시계 반대방향으로 몸을 회전한다.

05 ▶ 팔을 교차하여 상대방과 일직선이 되도록 한 후 초크를 시도한다.

Loop Choke from Closed Guard

클로즈가드에서 루프초크

Technique 012
Bottom Position

01 ▶ 오른손으로 상대 왼쪽 목깃을 벌린 후, 왼손으로 목깃을 잡은 클로즈가드 상태.

02 ▶ 왼손은 엄지가 밖으로 나오도록 상대방의 왼쪽 목깃을 내려 잡고, 오른손은 바닥을 짚어 몸을 세운다.

03 ▶ 왼손으로 잡은 목깃은 상대방의 턱 밑으로 넣어주고, 팔꿈치를 들어 오른손으로 후두부를 눌러준다.

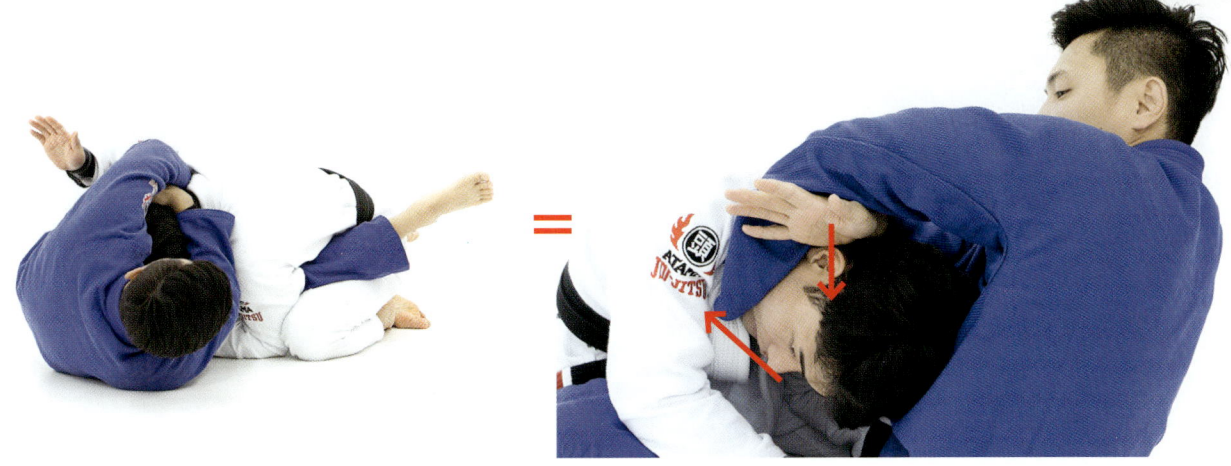

04 ▶ 오른쪽으로 누워 루프초크를 시도한다.

Loop Choke Counter to Guard Pass

Technique 013 — Bottom Position

상대방 가드패스시 루프초크 카운터

01 ▸ 상대가 양 무릎을 잡고 가드패스를 시도할 때, 오른손으로 상대의 오른쪽 목깃을 내려 잡는다.

02 ▸ 오른손으로 잡은 목깃은 상대방의 턱 밑으로 넣어주고, 팔꿈치를 들어 왼손으로 후두부를 눌러준다.

03 ▸ 화살표 방향으로 돌아 루프초크를 시도한다.

04 ▸ 초크로 마무리 되지 않는 경우, 왼손만 상대방의 오른쪽 바지 안쪽을 잡고 시계방향으로 회전한다.

05 ▸ 양손 그립은 유지한 채, 상대방 몸 위로 뒤구르기를 하여 사이드 포지션을 점유한 후, 초크를 다시 시도한다.

Closed Guard to Omoplata ❶

클로즈가드에서 오모플라타 ❶

Technique 014
Bottom Position

01 ▶ 왼손은 상대 소매깃, 오른손은 상대 목깃을 잡은 클로즈가드 상태.

02 ▶ 오른손으로 상대방을 화살표 방향으로 당겨 상체가 숙여지면, 상대방의 겨드랑이 뒤쪽을 자신의 왼쪽 무릎으로 눌러주며 어깨 위로 발을 넘겨준다.

03 ▶ 오른발을 밖으로 빼내며 자신의 몸을 상대방과 평행하게 이동하고, 오른손으로 상대방 벨트 또는 상의를 잡는다.

04 ▶ 오른발의 반동을 사용해 몸을 세운다.

05 ▶ 양발은 바깥쪽으로 틀어주고 오른손으로 상대방의 어깨를 잡고 화살표 방향으로 상체를 숙여 상대방의 팔꿈치 또는 어깨 관절을 비트는 오모플라타를 시도한다.

Variation 오모플라타 바리에이션 1

01 오모플라타를 시도하여, 상대방과 평행한 상태.

02 오른손은 지면을 짚고 일어나 왼손으로 상대 왼쪽 목깃을 잡는다.

03 다리를 다시 바깥쪽으로 틀어 상대방 상체를 압박한다.

04 오른손으로 상대방의 어깨를 잡고 엉덩이를 들어 오모플라타를 시도한다.

Technique 015
Bottom Position

Closed Guard to Omoplata ❷
클로즈가드에서 오모플라타 ❷

01 ▶ 오른손으로 상대방을 당겨 상체가 숙여지면 상대방의 겨드랑이 뒤쪽을 자신의 왼쪽 무릎을 이용해 눌러준 후, 왼발을 어깨 위로 빼낸 상태.

02 ▶ 상대방이 고개를 들어 방어를 시도하면 양발을 삼각 형태로 만든다.

03 ▶ 오른쪽 발목은 상대방의 턱밑에 넣어 목에 붙여준다.

04 ▶ 양손으로 바닥을 짚고 엉덩이를 뒤로 빼며, 오른발을 펴서 상대방의 상체를 무너뜨린다.

05 ▶ 머리가 숙여지면, 엉덩이 부분을 시계 방향으로 90도 틀어주며, 오른손으로 상대방의 왼쪽 어깨를 잡는다.

06 ▶ 왼손으로 상대방의 허리를 잡고 양발을 바깥쪽으로 틀어주고 엉덩이를 들어준다. 상체를 상대와 밀착하여 오모플라타를 시도한다.

Variation 오모플라타 바리에이션 2

01 상대방과 평행이 되어, 왼손은 상대방의 소매, 오른손은 상대방의 벨트를 잡고 있는 상태.

02 오른발로 지면을 짚고 엉덩이를 틀며, 오른손도 상대 벨트를 당겨 상대방을 끌어당긴다.

03 오른발의 반동을 사용해 몸을 세운다.

04 양발은 바깥쪽으로 틀어주고 오른손으로 상대방의 어깨를 잡고 화살표 방향으로 상체를 들어 상대 팔꿈치 또는 어깨 관절을 비트는 오모플라타를 시도한다.

Omoplata to Back Roll Sweep
오모플라타에서 백롤 스위프

Technique
016
Bottom Position

01 ▶ 오모플라타를 시도 중 상대방이 상체를 들어 방어하는 상태.

02 ▶ 상대가 상체를 세우는 타이밍에 왼쪽어깨 방향으로 뒤구르기를 한다. 이 때, 상대방의 몸을 따라 회전하여, 상대방의 팔 위를 깔고 앉으며 착지한다.

03 ▶ 상대와 위아래가 바뀌면, 오른손으로 상대방의 오른쪽 무릎을 잡고, 상체를 압박해 사이드 포지션을 점유한다.

Technique 017
Bottom Position

Closed Guard to Omoplata ❸
클로즈가드에서 오모플라타 ❸

01 ▶ 왼손은 상대 소매깃, 오른손은 상대 목깃을 잡은 오픈가드 상태.

02 ▶ 엉덩이를 왼쪽으로 틀어주며 오른손으로 상대방의 목깃을 당겨 상체를 숙여준다.

03 ▶ 왼발을 상대방의 오른팔 밖에서 안으로 회전시켜 발등을 상대방의 팔꿈치 오금에 걸어준다. (라쏘가드 형태)

04 ▶ 왼손은 상대방의 오른쪽 팔꿈치 윗부분을 잡고, 왼발을 뻗어주며 왼손으로 팔꿈치를 당긴다. 상대방의 상체가 숙여지면 왼발을 상대방의 어깨 위로 넘겨준다.

Photo 04 Another Angle

사진 04의 다른 각도.

05 ▶ 오른발을 밖으로 빼내며 자신의 몸을 상대방과 평행하게 이동하고, 오른손으로 상대방 벨트 또는 상의를 잡는다. 오른발의 반동을 사용해 몸을 세운다. 양발은 바깥쪽으로 틀어주고 오른손으로 상대방의 어깨를 잡고 화살표 방향으로 상체를 숙여 상대 팔꿈치 또는 어깨 관절을 비트는 오모플라타를 시도한다.

Toe Hold from Omoplata

오모플라타에서 토홀드

Technique
018
Bottom Position

01 ▶ 오모플라타 시도 중 상대방의 어깨에 다리를 걸친 상태.

02 ▶ 왼손은 상대방의 다리 사이를 통과해 오른쪽 무릎을 껴안는다. 이 때, 상대의 무릎이 자신의 복부에 올라오도록 끌어당긴다.

03 ▶ 왼손은 상대방의 발등을 잡고 오른손은 상대방의 뒤꿈치를 지나 자신의 왼쪽 손목을 잡는다. 상대방의 엉덩이방향으로 발등을 올려주며 토홀드를 시도한다. (IBJJF 국제연맹 룰의 시합에서는 토홀드는 갈띠, 검정띠만 허용된다.)

Triangle Choke from Omoplata
오모플라타에서 트라이앵글 초크

01 ▶ 오모플라타 시도 중 상대방이 상체를 들어 방어하는 상태.

02 ▶ 허리를 들며 왼발을 시계방향으로 회전시켜 상대방의 목을 감는다. 왼손은 상대방의 왼팔을 화살표 방향으로 당긴다.

03 ▶ 오른손으로 자신의 왼쪽 발목을 잡고 상대방이 상체를 들지 못하게 막아준다.

04 ▶ 왼쪽 발목에 오른발을 걸어준다.

05 ▶ 양손은 머리를 당기고 양 무릎은 조여주며 트라이앵글 초크를 시도한다.

Arm Bar from Omoplata

오모플라타에서 암바

Technique **020** Bottom Position

01 ▶ 오모플라타 시도 중 상대방이 상체를 들어 방어하는 상태.

02 ▶ 오른손은 상대방의 바지를 잡고, 왼손은 상대방의 왼쪽 소매를 잡는다.
왼발을 상대방의 왼팔 안으로 넣어주며 복부 앞을 지나 오른쪽 허리에 발목을 걸어준다.

03 ▶ 오른손과 왼손 그립을 유지한 채, 상대방을 어깨너머로 회전시킨다.

04 ▶ 사진에서 화살표가 아래로 되어야 합니다.

Arm Bar to Omoplata

Technique 021 — Bottom Position

암바에서 오모플라타

01 ▶ 가드포지션에서 암바를 시도했으나, 상대방이 팔을 빼낸 상태.

02 ▶ 왼손으로 상대방의 왼팔 소매를 잡고, 오른손은 벨트나 상의를 잡고 허리를 들어준다.

03 ▶ 오른손과 왼발을 사용해 상대방과 평행하도록 이동하고, 오른발을 내려 상체를 압박한다.

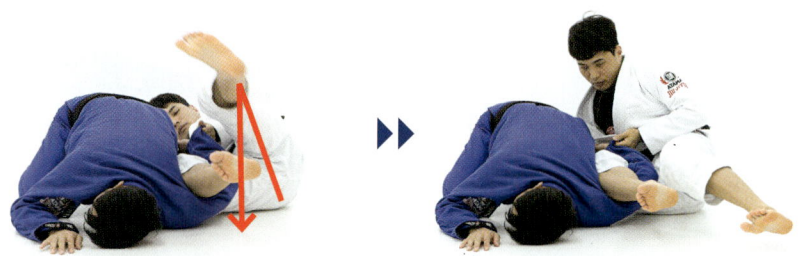 

04 ▶ 왼발로 바닥을 짚고 엉덩이를 틀며, 왼쪽 다리의 반동을 사용하여 몸을 일으킨다.

05 ▶ 양발은 바깥쪽으로 틀어주고 왼손으로 상대방의 어깨를 잡고 화살표 방향으로 상체를 숙여 상대방의 팔꿈치 또는 어깨 관절을 비트는 오모플라타를 시도한다.

Reverse Arm Bar from Butterfly Guard

버터플라이가드에서 리버스암바

Technique 022
Bottom Position

01 ▶ 왼손은 상대방 겨드랑이를 파고, 오른손은 상대방 팔꿈치를 잡은 버터플라이가드 상태.

02 ▶ 오른쪽 어깨 방향으로 누우며 상대방을 넘기려 한다.

03 ▶ 상대방은 안넘어지기 위해 왼손으로 바닥을 짚는다. 이 때, 양손으로 상대방의 오른팔 팔꿈치 위쪽을 잡아준다.

04 ▶ 상대방의 손목을 자신의 왼쪽 귀와 어깨 사이에 고정시키고, 양손으로 팔꿈치를 감싼다. 자신의 왼쪽 무릎으로 상대방의 어깨를 눌러준다.

05 ▶ 상체는 상대방 어깨쪽으로 비틀고 양손과 왼쪽 무릎으로 상대방 팔꿈치를 눌러 리버스 암바를 시도한다.

Reverse Arm Bar from Closed Guard

클로즈가드에서 리버스암바

01 ▸ 오른손으로 상대방의 오른팔을 잡은 클로즈가드 상태.

02 ▸ 왼손을 상대방의 손목 아래를 지나 자신의 오른쪽 손목을 잡아 기무라 그립을 완성한다. 양손을 위로 올려 도복을 잡고 있던 상대의 오른손을 뜯어낸다.

03 ▸ 왼손을 놓으며 오른손을 자신의 머리 뒤로 돌린다.

04 ▸ 왼손으로 상대방의 오른쪽 팔꿈치를 감싸며 상대방의 목깃을 잡는다.

05 ▸ 오른손은 상대방의 목을 화살표 방향으로 밀어주고, 왼쪽으로 엉덩이를 틀어 공간을 만든다.

06 ▸ 상체를 뒤로 젖히며 왼쪽 무릎은 상대방의 어깨에 올려 화살표 방향으로 눌러주며 리버스 암바를 시도한다.

Triangle Choke from Technique 023

023번 테크닉에서 트라이앵글 초크

Technique 024
Bottom Position

01 ▶ 왼손으로 상대방 팔꿈치를 감싸 상대방 목깃을 잡고 오른손은 목에 대고 있는 상태.

02 ▶ 오른발을 빼서 상대방의 팔꿈치를 밟고 목 뒤로 넘겨 다리를 꼬아준다. (팔꿈치를 밟을 때, 허리를 들어주면 효과적이다.)

03 ▶ 왼쪽 겨드랑이에 끼고 있던 상대방의 오른손을 화살표 방향으로 보내준다.

04 ▶ 왼손으로 자신의 오른쪽 발목을 잡고 끌어당겨 트라이앵글 그립을 완성한다.

05 ▶ 양 허벅지를 조이고 양손으로 상대방의 머리를 당기며 트라이앵글 초크를 시도한다.

Technique 025 Bottom Position
Triangle Choke to Arm Bar
트라이앵글 초크에서 암바

01 ▶ 상대방에게 트라이앵글을 시도하고 있는 상태.

02 ▶ 상대가 몸을 옆으로 비틀며 트라이앵글을 벗어나려고 시도할 때,

03 ▶ 상대방의 오른쪽 손목을 양손으로 잡고 트라이앵글을 시도하던 다리 그립을 풀며, 왼발을 상대방 머리 위에 올린 후 뒤꿈치를 내려준다.

04 ▶ 양 무릎을 조이고 종아리로 머리를 눌러 압박하며, 허리를 들고 상대방의 엄지손가락이 위로 향하도록 잡아 암바를 시도한다.

Triangle Choke to Omoplata

트라이앵글 초크에서 오모플라타

Technique 026
Bottom Position

01 ▶ 상대방에게 트라이앵글 초크를 시도하고 있는 상태에서 엉덩이를 들어준다.

02 ▶ 상대의 오른손을 왼손으로 화살표의 방향으로 보내준다.

03 ▶ 오른손으로 상대방의 오른쪽 목깃을 잡는다.

04 ▶ 왼발을 상대방 어깨 위로 넘겨주며, 엉덩이를 오른쪽으로 틀어준다.

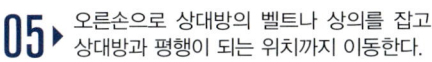

05 ▶ 오른손으로 상대방의 벨트나 상의를 잡고 상대방과 평행이 되는 위치까지 이동한다.

06 ▶ 오른발의 반동을 사용해 몸을 세운 후, 양 발은 바깥쪽으로 틀어주고 오른손으로 상대방의 어깨를 잡고 화살표 방향으로 상체를 숙여 상대방의 팔꿈치 또는 어깨 관절을 비트는 오모플라타를 시도한다.

Technique 027
Bottom Position

Triangle Choke to Baratoplata
트라이앵글 초크에서 바라토플라타

01 ▶ 상대방에게 트라이앵글 초크를 시도하고 있는 상태.

02 ▶ 왼손은 상대방의 왼쪽 손목을 잡고, 오른손은 상대방의 왼쪽 팔꿈치 밖에서 안으로 잡아준다.

03 ▶ 허리를 들어 상대방과 자신의 몸 사이에 공간을 만든다.

04 ▶ 자신의 왼손은 밀어주고, 오른손은 당겨 상대방의 왼팔을 가슴쪽으로 밀어준다.

05 ▶ 상대방의 왼손을 사진 위치까지 밀어준 후, 오른발은 상대방 골반을 밟고, 오른손은 상대방의 왼팔을 통과하여 자신의 왼쪽 허벅지에 붙여준다.

06 ▶ 골반을 밟은 오른발로 엉덩이를 화살표 방향으로 틀어주며, 왼손은 상대방의 오른팔 아래에서 위로 껴안고, 자신의 허벅지로 당겨 어깨관절을 비트는 바라토플라타를 시도한다.

Closed Guard to Scissor Sweep

클로즈가드에서 시저 스위프

Technique 028
Bottom Position

01 ▸ 왼손은 소매깃, 오른손은 목깃을 잡은 클로즈가드 상태.

02 ▸ 다리를 풀고, 엉덩이를 오른쪽으로 틀어 준다.

03 ▸ 오른쪽 무릎을 상대방의 명치 부분에 붙여준다.

04 ▸ 오른손으로 상대를 당겨준다.

05 ▸ 왼발을 상대방의 오른쪽 무릎 옆을 막아주고, 양 다리를 교차시켜 상대방을 왼쪽으로 넘어뜨린다.

06 ▸ 상대가 완전히 넘어지면 왼손으로 바닥을 짚고 일어나, 마운트 포지션을 점유한다.

Technique 029
Bottom Position

Closed Guard to Flower Sweep
클로즈가드에서 플라워 스위프

01 ▶ 왼손은 소매깃, 오른손은 목깃을 잡은 클로즈가드 상태.

02 ▶ 오른손을 상대방의 왼쪽 바지를 잡고 바깥쪽으로 당겨준다.

03 ▶ 다리를 풀며 엉덩이를 왼쪽으로 틀어주고, 왼손은 상대방 오른손을 화살표 방향으로 당겨준다.

04 ▶ 반동을 이용하기 위해 오른발은 상대방 겨드랑이쪽으로 올려주고 왼발은 내려준다.(이 때, 오른발과 오른손으로 상대방을 화살표 방향으로 크게 회전시킨다.)

05 ▶ 회전하는 상대를 따라가며 양손은 바닥을 짚고 일어나, 마운트 포지션을 점유한다.

Collar and Sleeve Guard to Sickle Sweep

칼라 앤드 슬리브 가드에서 씨클 스위프

Technique 030
Bottom Position

01 ▶ 왼손은 소매깃, 오른손은 목깃을 잡고, 상대방의 골반에 양발을 밟고 있는 오픈 가드 상태.

02 ▶ 오른쪽 발목을 상대방의 왼쪽 무릎 뒤쪽에 걸어준다.

03 ▶ 오른발을 축으로 몸을 회전시켜, 오른손으로 상대방의 왼쪽 발목을 잡는다.

04 ▶ 오른쪽 발목을 상대방의 오른쪽 무릎 뒤를 걸어주며, 왼발로 상대방을 밀어 넘어뜨린다.

05 ▶ 상대방이 넘어지면 잡고 있던 그립을 유지한 상태로 위로 올라가, 왼손으로 상대 목을 껴안고 오른쪽 다리를 넘겨 사이드 포지션을 점유한다.

Sickle Sweep to Tripod Sweep

씨클 스위프에서 트라이포드 스위프

01 ▸ 왼손으로 상대방의 소매를 잡고, 왼발은 상대방의 골반을 밟아주고, 오른손은 상대방의 발목을 잡은 상태.

02 ▸ 오른발로 상대방의 오른쪽 무릎 뒤를 걸어주려 했을 때 상대방이 다리를 들어 방어하게 된다.

03 ▸ 오른발은 상대방의 왼쪽 골반을 밟아주며, 엉덩이를 들어 골반을 상대방 발목에 붙여준다.

▸▸

04 ▸ 왼발은 상대방의 오른쪽 무릎 뒤에 걸어주고 오른발은 골반을 밀어 넘어뜨린다.

▸▸

05 ▸ 상대방이 넘어지면 오른발은 접어주고 왼발은 세워주며, 스위프를 완성한다.

Taking Back from Double Ankle Grab Sweep

더블 앵클 그랩 스위프에서 백마운트 점유하기

Technique 032
Bottom Position

01 ▶ 클로즈가드에서 상대방이 일어나면 양손으로 발목을 잡는다.

02 ▶ 클로즈가드를 풀고, 양손을 당기며 양발로 골반을 밀어 상대방을 넘어뜨린다.

03 ▶ 상대방은 넘어지지 않기 위해, 양손으로 목깃을 잡고 버틸 때, 양 다리를 위로 밀어준다.

04 ▶ 상대방은 중심을 잡기 위해 양손으로 바닥을 짚게 된다. 이 때, 왼손으로 상대의 무릎 안쪽을 잡고 상대방의 다리 사이로 상체를 빼낸다.

05 ▶ 머리까지 빠져나오면 왼손으로 다리를 잡아주고, 양 발목을 상대방 무릎 뒤쪽에 붙이고, 오른손으로 상대방의 바지 또는 벨트를 잡는다.

06 ▶ 오른손은 잡아당기고 양발은 화살표 방향으로 밀어 상대방의 엉덩이가 바닥에 닿으면 오른손은 목을 감고 왼손으로 겨드랑이를 파고 양손을 맞잡는다.

Sweep from X-Guard ❶

엑스가드에서 스위프 ❶

01 ▶ 양발은 상대방의 골반을 밟고, 왼손은 소매깃, 오른손은 목깃을 잡은 오픈 가드 상태.

02 ▶ 왼쪽 발목은 상대방의 오른쪽 무릎 뒤쪽에 걸어주고, 오른발은 상대방의 오른쪽 허벅지에 붙여준다.

03 ▶ 오른손으로 상대방의 왼쪽 발목을 감싸 상대방과 수평이 되도록 몸을 틀어준다. (오른쪽 무릎이 상대방의 엉덩이 뒤로 빠져 나와야 한다. 이 상태를 엑스가드라고 한다.)

04 ▶ 왼발을 뒤꿈치 부분으로 이동한다.

05 ▶ 오른발은 밀며 왼발은 차올려 상대방을 넘어뜨린다. 오른발을 접고 왼발을 세우며 스위프를 완성한다.

Sweep from X-Guard ❷

엑스가드에서 스위프 ❷

Technique 034
Bottom Position

01 ▶ 왼손으로 상대방의 오른팔을 잡고 있는 엑스가드 상태.

02 ▶ 양발을 화살표 방향으로 밀어주고, 상대방의 오른팔을 당긴다.

03 ▶ 상대방이 스위프를 방어하기 위해서 양손을 이용해 버티기 때문에, 왼발은 상대방의 무릎 안쪽을 밀어주며, 오른발은 바닥을 짚는다.

Photo 03 Another Angle

사진 03의 다른 각도

04 ▶ 왼손은 바닥을 짚고, 왼발은 화살표 방향으로 밀어주며, 오른손은 상대방의 왼쪽 다리를 어깨에 걸고 일어나서 스위프를 완성시킨다.

Technique 035
Bottom Position

Sweep from X-Guard ❸
엑스가드에서 스위프 ❸

01 ▶ 왼손으로 상대방의 오른팔을 잡고 있는 엑스가드에서 상대방을 밀어 양손으로 땅을 짚고 버티는 상황.

02 ▶ 오른손으로 상대방의 왼발을 머리위로 넘겨 왼쪽 어깨 앞으로 넘겨준다.

03 ▶ 왼손은 상대방의 바지를 잡고, 오른손은 상대방의 오른쪽 허리 부분이나 바지를 잡는다.

04 ▶ 상체를 바닥으로 누르며 오른손은 당겨 상대방을 뒤로 넘어지게 만든다.

05 ▶ 상대방이 넘어지면 왼쪽 무릎을 상대 왼쪽 무릎 뒤에, 오른쪽 무릎을 상대 오른쪽 무릎 뒤에 붙여주고 (리버스 버터플라이 상태) 상대방 바지를 잡은 양손은 당겨주며, 몸을 화살표 방향으로 회전시킨다.

06 ▶ 상대방의 오른쪽 무릎을 눌러주며 위로 올라가 스위프를 완성한다.

Taking Back from X-Guard

엑스가드에서 백마운트 점유하기

Technique 036
Bottom Position

01▶ 엑스가드에서 상대를 밀어 양손으로 땅을 짚고 버티면, 왼손은 상대방의 바지를 잡고, 오른손은 상대방의 오른쪽 허리 부분이나 바지를 잡는다.

02▶ 왼손은 상대방의 왼쪽 무릎 뒤를 밀어준다.

03▶ 왼손을 밀어주며 상체를 회전시켜 뒤로 빠져 나간다.

04▶ 양손으로 바지를 잡고 아래로 끌어당기면서 상대방의 무릎 뒤쪽에 붙인 양 발목을 앞으로 올려준다.

05▶ 상대방의 엉덩이가 바닥에 닿으면 오른손은 목을 감고 왼손으로 겨드랑이를 파고 양손을 맞잡는다.

06▶ 목을 감싼 팔 방향으로 누우며 양 발을 허벅지에 걸어주고 등을 점유한다.

Technique 037 Bottom Position
Sweep from Butterfly Guard
버터플라이가드에서 스위프

01 ▶ 오른손으로 상대방의 오른쪽 어깨, 왼손으로 상대방의 오른쪽 소매를 잡고 양 발등을 상대방 허벅지 안쪽에 넣은 버터플라이가드 상태.

02 ▶ 오른손으로 상대방의 왼쪽 겨드랑이 안쪽을 파고, 머리는 상대방의 오른쪽 어깨에 붙여준다.

03 ▶ 상대방을 껴안고 뒤로 누우며, 왼손으로 상대방의 손을 다리 방향으로 밀어준다.

04 ▶ 오른발은 올려주며 상대방을 왼쪽으로 넘어뜨린다.

05 ▶ 자신도 상대방을 따라가 다리를 바닥에 놓고 마운트 포지션을 점유한다.

Taking Back from Technique 037

037 번 테크닉에서 백마운트 점유하기

Technique 038
Bottom Position

01 ▶ 오른손으로 상대방의 왼쪽 겨드랑이 안쪽을 파고, 머리는 상대방의 어깨에 붙여 상대방을 껴안은 버터플라이가드 상태.

02 ▶ 왼발로 상대 오른쪽 무릎을 밀어서 상대방의 균형이 무너지면, 자신의 오른쪽 팔꿈치를 올려 머리를 빼낸다.

03 ▶ 오른손은 반대편 도복을 잡고 끌어당기며 상체를 세운 후 왼손은 목을 감싸 껴안는다.

04 ▶ 상대방을 껴안고 왼쪽으로 누워준 후, 양발을 허벅지에 걸고 백마운트를 점유한다.

Technique 039
Bottom Position

Taking Back from Arm Drag
암드래그로 백마운트 점유하기

01 ▶ 왼손은 소매깃, 오른손은 상대방 목깃을 잡은 버터플라이가드 상태.

02 ▶ 오른손으로 상대방의 겨드랑이 안쪽 부분 도복을 잡는다.

03 ▶ 왼손은 바닥을 짚는다.

04 ▶ 오른손은 화살표 A 방향으로 당기며 몸을 왼쪽으로 틀어 상대방과 같이 눕는다.

05 ▶ 상대방이 터틀포지션(웅크린 자세)이 되면 상체를 상대방 등에 올린 후, 왼손이 상대방의 겨드랑이 안쪽을 파서 오른손과 맞잡은 후, 왼발을 허벅지 안쪽에 넣어 백마운트를 점유한다.(양무릎이 바닥에 닿도록 만들어 상대방을 압박한다.)

Taking Back from Closed Guard ❶

클로즈가드에서 백마운트 점유하기 ❶

Technique 040
Bottom Position

01 ▶ 클로즈가드 상태.

02 ▶ 상대방의 오른팔을 양손으로 잡아 위로 뜯어준다.

03 ▶ 양손으로 상대방의 오른손을 화살표 방향으로 밀어준다.

04 ▶ 왼손은 상대방의 왼쪽 겨드랑이 도복 부분을 잡는다.

05 ▶ 왼손을 당겨주며 오른발로 상대 왼쪽 무릎을 밀어서 상대방의 균형을 무너뜨린다.

06 ▶ 왼손을 끌어당기며 상체를 세워준다.

07 ▶ 왼손이 상대방의 겨드랑이 안쪽을 파서 목을 감싼 오른손과 맞잡은 후, 왼발을 허벅지 안쪽에 넣어 백마운트를 점유한다.

Technique 041 — Taking Back from Closed Guard ❷

클로즈가드에서 백마운트 점유하기 ❷

01 ▸ 오른손으로 상대방의 왼손 소매를 잡고 있는 클로즈가드 상태.

02 ▸ 오른손을 위로 들어 왼손을 상대방의 왼손 아래로 통과시킨 후, 오른손을 자신의 머리 뒤로 넘겨주며, 왼손을 화살표 A 방향으로 뻗어준다.

03 ▸ 상대방이 상체를 세우지 못하도록 오른손은 당겨주고, 왼손은 상대방 왼쪽 어깨 위를 누르며, 목 밑으로 통과해 오른쪽 목깃을 잡는다.

04 ▸ 오른손을 놓고 상체를 세워 상대방의 오른쪽 겨드랑이를 파고 목깃을 잡는다. 오른쪽 방향으로 누우며 양 발을 허벅지에 걸어주고 백마운트를 점유한다.

Butterfly Sweep to X-Guard
버터플라이 스윕에서 엑스가드 전환

Technique 042
Bottom Position

01 ▶ 오른손으로 상대방의 왼쪽 겨드랑이 안쪽을 파고, 머리는 상대방의 오른쪽 어깨에 붙여준 뒤, 상대방을 껴안고 뒤로 누으며, 왼손으로 상대방의 손을 다리 방향으로 밀어주는 버터플라이 스윕을 시도 했으나, 상대방이 양손과 양발을 세워 베이스를 잡은 상황.

02 ▶ 오른손으로 상대방의 왼발 뒤를 걸어준 후, 오른발을 사용하여 상대방의 다리 사이로 파고든다.

03 ▶ 오른손은 상대방의 무릎 뒤를 감싸 잡아준 후, 오른쪽 무릎은 상대방의 엉덩이 뒤쪽으로 나오도록 유지하며 발등을 허벅지에 걸어준다.

Sweep from Spider Guard ❶

스파이더 가드에서 스위프 ❶

01 ▸ 양발은 골반을 밟고 양팔 소매를 잡은 오픈가드 상태.

02 ▸ 왼쪽으로 엉덩이를 빼서 오른쪽 어깨가 바닥에 닿도록 몸을 비틀어주고 왼발로 상대방의 팔꿈치 안쪽을 밟아 스파이더 가드를 만든다.

03 ▸ 오른손은 상대방의 왼팔을 당기고 왼발은 상대방 어깨 위로 뻗어 상대방의 중심이 높아지도록 만든 후, 오른발로 상대방의 왼쪽 무릎을 걸어 오른쪽으로 넘어뜨린다.

04 ▸ 왼발은 상대방의 팔꿈치 안쪽을 밟은 상태로 넘어지는 상대방을 따라가 마운트 포지션을 점유한다.

Sweep from Spider Guard ❷

스파이더 가드에서 스위프 ❷

Technique 044 — Bottom Position

01 ▶ 양발은 골반을 밟고 양팔 소매를 잡은 오픈가드 상태.

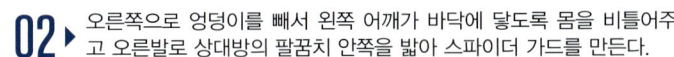

02 ▶ 오른쪽으로 엉덩이를 빼서 왼쪽 어깨가 바닥에 닿도록 몸을 비틀어주고 오른발로 상대방의 팔꿈치 안쪽을 밟아 스파이더 가드를 만든다.

03 ▶ 왼발을 상대방의 골반 옆을 밟고, 오른발은 어깨 위로 뻗어 상대방의 중심이 높아질 때, 핸들을 크게 돌리듯 왼손은 당기고 오른손과 오른발은 밀어 상대방을 왼쪽으로 넘어뜨린다.

04 ▶ 오른발은 상대방의 팔꿈치 안쪽을 밟은 상태로 넘어지는 상대방을 따라가 마운트 포지션을 점유한다.

Sweep from Spider Guard ❸

스파이더 가드에서 스위프 ❸

01 ▶ 양손은 양팔 소매를 잡고, 왼발은 상대방의 팔꿈치 안쪽을 밟은 스파이더 가드 상태.

02 ▶ 양손과 왼발을 머리 위로 차올려 상대방의 왼발이 자신의 허리 위치까지 오게 한다.

03 ▶ 앞으로 나온 상대방의 왼발을 오른손으로 껴안는다.

04 ▶ 오른쪽 발목을 상대방의 골반에 붙여주며 무릎은 엉덩이 뒤로 위치하도록 벌려준다.

05 ▶ 왼발을 왼쪽 어깨 방향으로 뻗어 상대방을 넘어뜨리려고 시도한다.

06 ▶ 상대방이 앞으로 넘어지지 않도록 버틸 때, 왼손으로 상대방의 발목을 잡아 당기고, 왼발은 땅으로 내리며 상대방을 뒤로 넘어뜨린다.

07 ▶ 상대방이 넘어지면 오른손으로 바닥을 짚고 일어나 왼손으로 상대방 목을 파며 사이드 포지션을 점유한다.

Taking Back from Technique 045

045 번 테크닉에서 백마운트 점유하기

Technique 046 Bottom Position

01 ▶ 45번 테크닉- 스파이더 가드를 사용해 상대방을 넘어뜨린 상황.

02 ▶ 양손을 사용해서 상대방의 왼발을 들어올린다.

03 ▶ 자신의 왼쪽골반 위로 상대방의 왼발을 당기고, 오른손은 바닥을 짚고, 왼발을 접어 상체를 세운다. 이 때, 오른쪽 발목은 상대방의 허벅지를 눌러준다.

04 ▶ 상체를 세운 뒤 상대방의 등 쪽으로 이동하여, 가슴 부분으로 상대방의 어깨를 눌러 상대방이 자신의 방향으로 돌아눕지 못하게 막는다. 이 후, 오른손으로 목을 파고 왼손으로 겨드랑이를 파서 양손을 껴안고 상대방의 백마운트를 점유한다.

Technique 047
Bottom Position

Sweep from Spider Guard ❹
스파이더 가드에서 스위프 ❹

01 ▶ 양손은 양팔 소매를 잡고, 왼발은 상대방의 팔꿈치 안쪽을 밟은 스파이더 가드 상태.

02 ▶ 양손과 왼발을 머리 위로 차올려 상대방의 왼발이 자신의 허리 위치까지 오게 한다.

03 ▶ 오른손으로 상대방의 왼쪽 바지를 잡는다.

04 ▶ 오른쪽 무릎은 상대방의 무릎 뒤쪽으로 빼고, 오른발은 안으로 넣어 상대방의 벨트를 밟는다.

05 ▶ 왼발과 오른발을 화살표 A 방향으로 뻗어준다.

06 ▶ 오른손은 상대방의 왼쪽 다리를 들어올려 넘어뜨리며 자신도 일어난다. 양손은 상대방의 소매와 바지를 잡고 있는 상태로 오른쪽 무릎을 복부에 대고 스위프를 완성시킨다.

Sweep from Spider Guard ❺

스파이더 가드에서 스위프 ❺

Technique
048
Bottom Position

01▶ 오른발은 골반을 밟고 양팔 소매를 잡은 후, 왼쪽으로 엉덩이를 빼서 오른쪽 어깨가 바닥에 닿도록 몸을 비틀어주고 왼발로 상대방의 팔꿈치 안쪽을 밟은 스파이더 가드 상태.

02▶ 양손과 왼발을 머리 위로 차올려 상대방의 왼발이 자신의 허리 위치까지 오게 한다.

03▶ 왼발을 화살표 방향으로 밀어준다.

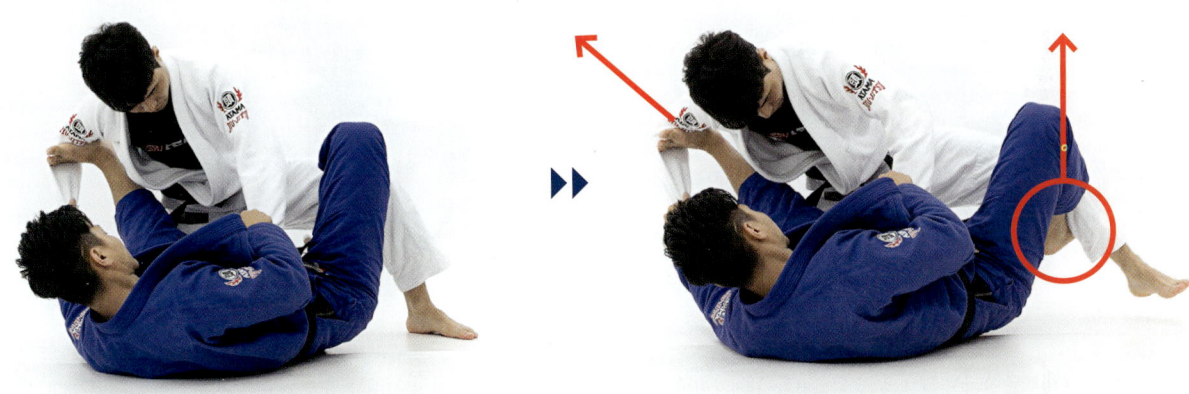

04▶ 상대방의 상체가 왼쪽으로 기울어지면 오른쪽 발등을 상대방 왼쪽 무릎 안쪽에 걸어 들어 올리며, 왼발을 다시 뻗어 상대방의 중심을 왼쪽으로 무너뜨린다.

05▶ 오른발로 상대방 무릎 안쪽을 차서 넘어지면 따라 일어나 오른쪽 무릎을 복부에 대고 스위프를 완성시킨다.

Technique 048 to Sweep

48번 테크닉에서 스윕

01 ▸ 48번 테크닉- 스파이더 가드를 사용해 상대방을 왼쪽으로 넘어뜨리려고 시도하는 상황.

02 ▸ 상대방의 왼발이 빠져나와 허리 위로 올라가는 경우, 오른발로 상대방의 골반을 밟아주고 오른손은 상대방의 바지를 잡는다.

03 ▸ 상대방의 다리 바깥쪽에서 밟고 있던 오른발을 상대방 다리 안쪽으로 넣어 벨트 부분을 밟아준다. 오른손은 들어올리고 오른발은 상대방을 밀어 뒤쪽으로 넘어뜨린다.

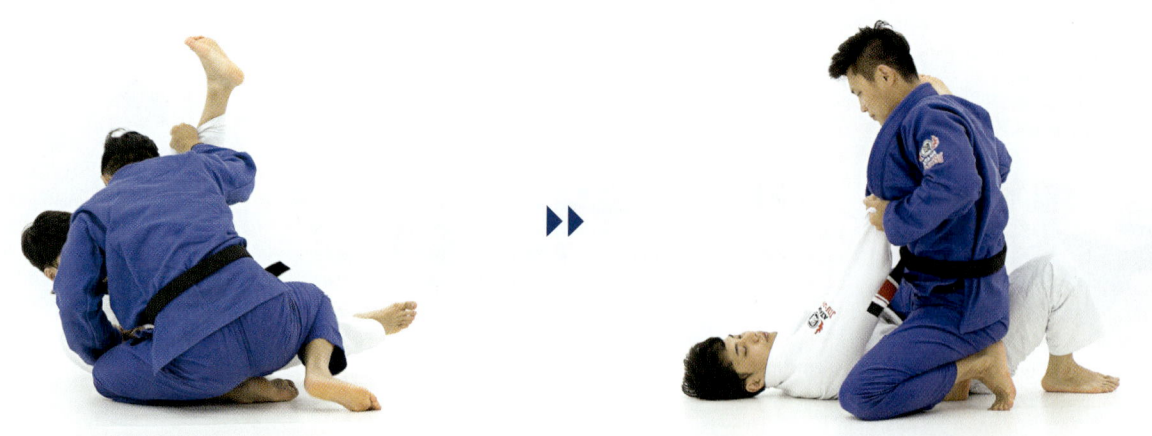

04 ▸ 상대방이 넘어지면, 따라서 일어나 오른쪽 무릎을 복부에 대고 스윕을 완성시킨다.

Taking Back from Technique 049

049 번 테크닉에서 백마운트 점유하기

Technique 050
Bottom Position

01 ▶ 49번 테크닉 - 상대방의 다리 바깥쪽에서 밟고 있던 오른발을 상대방 다리 안쪽으로 넣어 벨트 부분을 밟아준 상태.

02 ▶ 왼손은 상대방의 바지를 잡고, 오른손으로 발목을 밀며 머리를 A 방향으로 이동시킨다. 그 후, 양손으로 상대방의 바지를 잡는다.

03 ▶ 상대방의 다리를 들어 올린 후, 자신의 왼쪽 정강이 부분을 상대방의 왼쪽 무릎 뒤편에 붙여주고, 상체를 틀어 오른손으로 상대방의 벨트나 바지를 잡는다.

3번 사진의 다른 각도

04 ▶ 양발을 앞으로 밀고 오른손은 당겨 상대방의 엉덩이가 바닥에 닿으면 상대방의 백마운트를 점유한다.

Arm Lock from Spider Guard

스파이더 가드에서 암락

01 ▶ 양손으로 양소매를 잡고 왼발은 골반을 밟고, 오른발은 상대방의 왼팔 팔꿈치 안쪽을 밟고 있는 스파이더 가드 상태.

02 ▶ 오른손은 목깃을 잡고 상대방을 끌어당긴다.

03 ▶ 오른발은 상대방의 왼팔을 밀어주며 왼손으로 상대방의 오른손을 화살표 A 방향으로 밀어준 후, 왼쪽 무릎을 상대방의 오른쪽 어깨 위에 올려 압박한다.

04 ▶ 오른발로 상대방의 왼팔을 뒤로 밀어 왼쪽 발등을 상대방의 왼쪽 팔꿈치 안쪽으로 걸어준다.

05 ▶ 오른손과 왼발을 자신의 몸쪽으로 끌어당긴다.

06 ▶ 오른발을 상대방의 목에 걸고 양손으로 상대방의 왼손을 당겨주고, 오른발은 내려 암락을 시도한다.

Sweep from Half Guard ❶

하프 가드에서 스위프 ❶

Technique **052** Bottom Position

01 ▶ 상대방의 오른쪽 다리를 양다리로 감싸고 있는 하프가드 상태.

02 ▶ 왼팔로 상대방의 턱을 밀어 공간을 만든다.

03 ▶ 왼손은 상대방의 오른쪽 겨드랑이를 파고 들어간다.

04 ▶ 왼손으로 상대방의 허리를 껴안는다.

05 ▶ 자신의 왼발 뒤꿈치를 상대방의 오른발 뒤꿈치에 걸고 끌어준다.

사진 05의 다른 각도

06 ▶ 엉덩이를 들고 오른손으로 상대방의 왼쪽 무릎을 당기고 어깨로 상대방을 밀어 넘어뜨린다.

사진 06 의 다른 각도

07 ▶ 스위프를 완성한다.

Technique 053 — Bottom Position
Taking Back from Technique 052
052 테크닉에서 백마운트 점유하기

01 ▶ 왼손은 상대방의 오른쪽 겨드랑이를 파고 들어가 허리를 껴안고 있는 하프 가드 상태.

02 ▶ 왼쪽 팔꿈치를 위로 올려주며 엉덩이를 아래로 이동한 후, 머리를 상대방의 오른쪽 겨드랑이 아래로 빼내서 상대방의 등 위로 올라간다.

03 ▶ 오른손은 목을 감고 왼손으로 겨드랑이를 파고 양손을 맞잡은 후 왼발을 상대방 허벅지에 걸어 백마운트를 점유한다.

Sweep from Half Guard ❷

하프 가드에서 스위프 ❷

Technique 054
Bottom Position

01 ▶ 왼손으로 상대방의 오른쪽 겨드랑이를 파고 허리를 껴안고 있는 하프 가드 상태. 상대방의 오른손이 자신의 왼팔을 감싸 등으로 못 가도록 방어하는 상황.

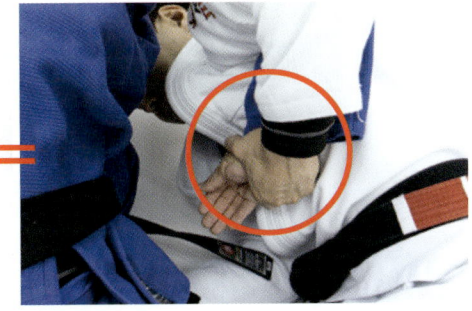

02 ▶ 왼손을 안으로 돌려 상대방의 오른쪽 손목을 잡는다.

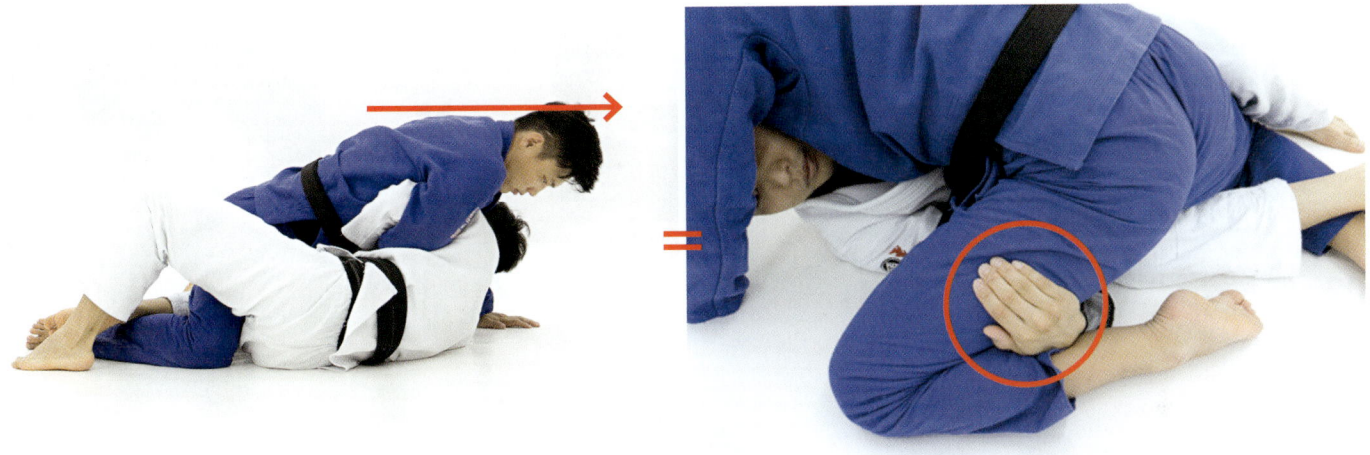

03 ▶ 상대방의 몸 안쪽으로 파고 들어가 오른손으로 상대방의 왼쪽 허벅지 안쪽을 껴안는다.

04 ▶ 등을 대고 누우며 상대방을 회전시켜 스위프를 완성한다.

Sweep from Half Guard ❸

하프 가드에서 스위프 ❸

01 ▶ 왼손은 상대방의 목 아래를 막아주고 있는 하프 가드 상태.

02 ▶ 왼손은 상대방의 왼쪽 어깨를 막아주고, 오른손은 상대방의 팔꿈치에 대고 엉덩이를 틀어 공간을 만든다.

03 ▶ 오른손으로 상대방의 왼쪽 다리를 파고 들어가 자신의 오른쪽 어깨 위에 걸어준다.

04 ▶ 왼발을 상대방의 오른쪽 무릎에 대고, 왼손은 바닥을 짚는다.

05 ▶ 왼발로 상대방의 오른쪽 무릎 안쪽을 밀어주며 몸을 뒤로 빼내서 일어선다.

Photo 05 Another Angle

사진05 다른 각도

06 ▶ 상대방이 넘어지면 다리를 당겨 스위프를 완성시킨다.

Half Guard to X-Guard

하프 가드에서 엑스 가드로 전환

Technique 056 Bottom Position

01 ▶ 왼손으로 상대방의 오른쪽 겨드랑이를 파고 들어가 허리를 껴안고 있는 하프 가드 상태.

02 ▶ 왼손으로 상대방의 벨트를 잡고, 오른손으로 상대방의 왼쪽 허벅지를 감싼다. 오른발은 상대방의 오른쪽 무릎 뒤를 걸고, 왼발은 오른쪽 허벅지 안에 걸어준다.

03 ▶ 오른손으로 상대방을 머리 방향으로 당기며, 양다리를 화살표 방향으로 차준다.

04 ▶ 오른쪽 다리를 상대방의 오른쪽 허벅지에 걸어 엑스 가드로 전환한다.

Technique 057
Bottom Position

Knee Shield Half Guard to Back Mount Position
니실드 하프 가드에서 백마운트 점유하기

01 ▶ 왼손으로 상대방의 목 아래를 막아주고 있는 하프 가드의 상태.

02 ▶ 왼손은 상대방의 왼쪽 어깨를 막아주고, 오른손은 상대방의 팔꿈치에 대고 엉덩이를 틀어 공간을 만들고, 왼쪽 무릎은 상대방의 골반에 붙여준다.
(이 상태를 니실드 또는 니실드 하프 가드라고 한다.)

03 ▶ 오른손으로 상대방의 오른쪽 소매, 왼손으로 오른쪽 팔꿈치 위쪽을 잡고, 상대방의 손이 바닥에 붙도록 오른쪽으로 끌어당긴다.

04 ▶ 왼쪽으로 엉덩이를 틀어 상체를 세우고, 오른손은 상대방의 소매를 잡은 상태로 왼손으로 상대방의 벨트를 잡는다.

05 ▶ 왼손으로 상대방을 끌어당겨 상대방의 등이 노출되도록 한다.

06 ▶ 상대방의 엉덩이가 바닥에 닿으면 오른손은 목을 감고 왼손으로 겨드랑이를 파고 양손을 맞잡는다. 양 발을 허벅지에 걸어주고 백마운트를 점유한다.

Sweep from Knee Shield Half Guard ❶

니실드 하프 가드에서 스위프 ❶

Technique 058
Bottom Position

01 ▶ 왼손으로 상대방의 왼쪽 어깨를 막아주고, 오른손은 상대방의 팔꿈치에 대고 엉덩이를 틀어 공간을 만들고, 왼쪽 무릎은 상대방의 골반에 붙인 니실드 하프 가드 상태.

02 ▶ 오른손은 상대방의 무릎, 왼손은 상대방의 왼쪽 소매를 잡는다.

03 ▶ 엉덩이를 들면서 왼발은 상대방 방향으로 밀어주고 왼손은 끌어당겨 상대방을 넘어뜨린다.

04 ▶ 넘어지는 상대를 따라가 스위프를 완성시킨다.

Technique 059 Bottom Position
Sweep from Knee Shield Half Guard ❷
니실드 하프 가드에서 스위프 ❷

01 ▶ 왼손으로 상대방의 왼쪽 어깨를 막아주고, 오른손은 상대방의 팔꿈치에 대고 엉덩이를 틀어 공간을 만들고, 왼쪽 무릎은 상대방의 골반에 붙인 니실드 하프 가드 상태.

02 ▶ 058 테크닉으로 스위프를 시도할 때, 상대방이 넘어지지 않기 위해 중심을 앞으로 숙일 때, 왼손으로 상대방의 왼손을 자신의 왼쪽 어깨 방향으로 당기며, 자신의 왼쪽 무릎에 상대 몸을 올린다.

Photo 02 Another Angle

사진 02 의 다른 각도

03 ▶ 왼손을 자신의 골반 방향으로 밀어주며, 상대방의 몸을 양 무릎 위에 올린다.

04 ▶ 왼쪽 어깨방향으로 뒤구르기를 하며 스위프를 완성시킨다.

Deep Half Guard Set Up

딥 하프 가드 셋업

Technique 060 Bottom Position

01 ▶ 왼손으로 상대방의 왼쪽 어깨를 막아주고, 오른손은 상대방의 팔꿈치에 대고 엉덩이를 들어 공간을 만들고, 왼쪽 무릎은 상대방의 골반에 붙인 니실드 하프 가드 상태.

02 ▶ 왼손으로 상대의 오른쪽 겨드랑이를 파서 벨트를 잡고, 오른손으로 상대방의 왼쪽 허벅지 안쪽을 감싼다.

03 ▶ 상대방의 엉덩이 방향으로 들어가며 화살표 방향으로 상대방을 당겨 자신의 몸 위로 올린다.

04 ▶ 상대방의 중심이 높아지면 양손과 양발을 이용해 상대방의 오른쪽 다리 아래로 파고든다.

05 ▶ 오른손으로 상대방의 벨트를 잡고 딥 하프 가드를 만든다.

Sweep from Deep Half Guard ❶

딥 하프 가드에서 스위프 ❶

01 ▶ 상대방의 오른쪽 다리 아래로 파고들어가 양다리로 상대방 발목을 잡고 오른손으로 상대방 벨트를 잡고 있는 딥 하프 가드 상태.

02 ▶ 양다리를 열어주며 왼손을 상대방의 오른발 뒤꿈치에 걸어준다. 왼발은 상대방 무릎 위치까지 끌어당긴다.

03 ▶ 왼손으로 상대방의 오른발을 끌어당겨 왼팔 팔꿈치 안쪽에 상대방의 발을 걸어준다. 왼발을 오른발 무릎 안쪽에 걸어 삼각그립을 만든다.

04 ▶ 양손은 당기고 허리를 들며 오른쪽으로 회전하여 상대방을 넘어뜨린 후 일어나 스위프를 완성한다.

Sweep from Deep Half Guard ❷

딥 하프 가드에서 스위프 ❷

Technique 062 — Bottom Position

01 ▶ 상대방의 오른쪽 다리 아래로 파고들어가 양다리로 상대방 발목을 잡고 오른손으로 상대방 벨트를 잡고 있는 딥 하프 가드 상태.

02 ▶ 왼쪽 발등을 상대방의 뒤꿈치에 걸고, 양손을 이용해 상대방의 오른쪽 도복을 꺼내 잡는다.

03 ▶ 왼손은 상대방의 오른쪽 무릎 아래로 지나서 도복을 잡아준다. 오른손은 왼손이 도복을 잡을 수 있도록 도와준 후 상대방의 바지를 잡는다.

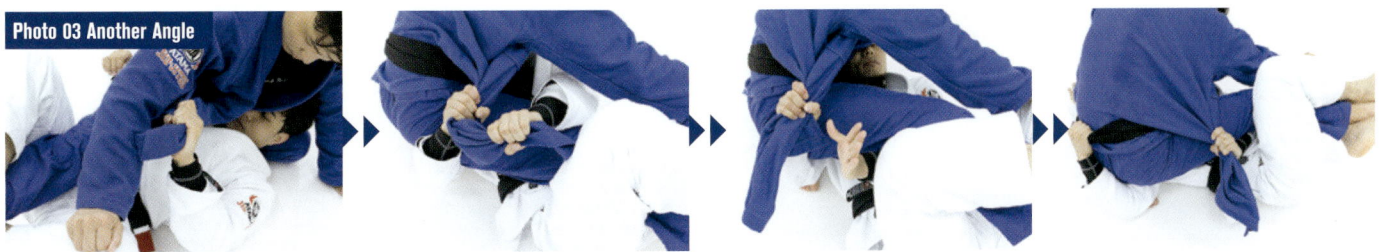

사진 03 다른 각도

04 ▶ 양손은 당기고 왼발은 위로 차올려 상대방을 넘겨 스위프를 완성한다.

Technique 063
Bottom Position

Taking Back from Technique 062
62 번 테크닉에서 백마운트 점유하기

01 ▶ 왼손은 상대방의 오른쪽 무릎 아래로 지나서 도복을 잡아준 딥 하프 가드 상태

02 ▶ 오른발을 상대방의 오른쪽 무릎 안쪽에 걸어준다.

 =

03 ▶ 오른발을 들어 상대방의 다리 사이로 자신의 머리를 빼내서 상대방의 등쪽으로 이동한다.

04 ▶ 왼쪽 정강이를 상대방의 왼쪽 무릎 안쪽에 대고 앞쪽으로 밀어준다. 상대방의 엉덩이가 바닥에 닿으면 오른손은 목을 감고 왼손으로 겨드랑이를 파서 양손을 맞잡고 백마운트를 점유한다.

Sweep from Lasso Guard ❶

라쏘 가드에서 스위프 ❶

Technique 064
Bottom Position

01 ▶ 양손으로 상대방의 양팔을 잡고, 왼발을 상대방의 오른팔 바깥쪽에서 안쪽으로 감아 왼쪽 발등을 상대방의 겨드랑이 안쪽에 붙인 상태.(이 상태를 라쏘 가드라고 한다.)

02 ▶ 몸을 왼쪽으로 틀어 오른손으로 상대 무릎 안쪽을 잡는다.

03 ▶ 왼손 그립은 유지한 상태로 왼쪽 무릎을 화살표 방향으로 벌려주며, 오른손으로 상대방을 들어올려 시계 반대방향으로 상대방을 회전시킨다.

04 ▶ 자신도 상대방을 따라 일어나 스위프를 완성시킨다.

Sweep from Lasso – De la Riva Guard
라쏘 – 데라히바 가드에서 스윕

01 ▶ 라쏘 가드 상태에서 상대방이 왼쪽 무릎을 세우고 버티는 상태

02 ▶ 오른발로 상대방의 왼쪽 무릎 바깥쪽을 걸어준다.(데라히바 훅)

03 ▶ 왼발은 상대방의 오른팔 위를 지나 왼쪽 무릎 안쪽에 걸어준다.

04 ▶ 오른발은 바닥을 짚는다.

05 ▶ 왼발을 차올려 상대방을 왼쪽으로 넘어뜨리면 따라 일어나 사이드 포지션을 점유한다.

Sweep from Lasso – De la Riva Guard ❷

라쏘 – 데라히바 가드에서 스위프 ❷

Technique
066
Bottom Position

01 ▶ 라쏘 가드 상태에서 상대방이 오른쪽 무릎을 세우고 버티는 상태

02 ▶ 왼발로 상대방의 오른쪽 무릎 바깥쪽을 걸어준다.(데라히바 훅)

Photo 02 Another Angle

사진 02의 다른 각도.

03 ▶ 오른발은 바닥을 짚고 오른손을 화살표 방향으로 핸들 돌리듯 상대를 회전시킨다.

04 ▶ 왼발을 바깥쪽으로 차며 상대방을 넘어뜨리면 따라 일어나 사이드 포지션을 점유한다.

Technique 067
Bottom Position

Sweep from Lasso – X Guard
라쏘 – 엑스 가드에서 스위프

01▶ 라쏘 가드 상태에서 상대방이 양발을 세우고 버티는 상태

02▶ 오른손은 상대방의 왼발 뒤꿈치를 잡는다.

 =

03▶ 왼발은 상대방의 오른팔을 감은 상태로 오른쪽 무릎 안쪽에 걸어주고, 오른쪽 무릎은 상대방의 엉덩이 뒤편으로 나간 상태에서 발은 골반에 붙여준다. (라쏘–엑스 가드)

04▶ 왼발은 상대방의 무릎 안쪽에 붙여 밀어주고 오른팔 어깨에 상대방의 다리를 걸고 일어나 사이드 포지션을 점유한다.

Triangle Choke from Lasso Guard ❶

라쏘 가드에서 트라이앵글 초크 ❶

Technique
068
Bottom Position

01 ▶ 양손으로 상대방의 양팔을 잡고, 왼발을 상대방의 오른팔 바깥쪽에서 안쪽으로 감아 왼쪽 발등을 상대방의 겨드랑이 안쪽에 붙인 라쏘 가드 상태

02 ▶ 오른발은 상대방의 왼팔 팔꿈치 안쪽을 밟고 화살표의 방향으로 밀어준다.

03 ▶ 상대방의 상체가 숙여지면 상대방의 오른쪽 어깨를 양손으로 잡고, 왼발 무릎으로 상대방의 어깨를 눌러준다.

04 ▶ 오른발을 상대방의 목 뒤로 넘겨 왼손으로 발목을 잡아준 후 트라이앵글 그립을 만든다. 양손은 머리를 당기고 양 무릎은 조여주며 트라이앵글 초크를 시도한다.

Triangle Choke from Lasso Guard ❷

라쏘 가드에서 트라이앵글 초크 ❷

01 ▶ 양손으로 상대방의 양팔을 잡고, 왼발을 상대방의 오른팔 바깥쪽에서 안쪽으로 감아 왼쪽 발등을 상대방의 겨드랑이 안쪽에 붙인 라쏘 가드 상태

02 ▶ 상대방의 오른팔을 오른손으로 옮겨 잡아 라쏘 그립을 유지하면서, 왼손으로 상대방의 왼팔을 잡는다.

03 ▶ 오른발은 왼쪽으로 보내며, 오른쪽 어깨를 축으로 돌아 자신의 머리를 다리 밑으로 넣고 회전한다. 오른쪽 다리는 최대한 벌려 주며, 왼발 뒤꿈치는 상대방 겨드랑이 사이에 깊게 집어 넣는다.

04 ▶ 한 바퀴 회전하여 상대방 앞으로 돌아올 때. 오른발은 상대방의 목을 감고 왼손으로 발목을 잡아 트라이앵글 그립을 만든다. 양손은 머리를 당기고 양 무릎은 조여주며 트라이앵글 초크를 시도한다.

Pulling De La Riva Guard from Standing to Sweep

스탠딩 상황에서 데라히바 가드 풀링 후 스윕

Technique 070
Bottom Position

01 ▶ 오른손은 상대방의 목깃, 왼손은 상대방의 팔꿈치를 잡고 서 있는 상태.

02 ▶ 오른발을 상대방의 오른발 옆으로 이동하고, 상체를 낮추며 회전하여 데라히바 훅을 건다. (상대방의 오른쪽 무릎 밖에서 안으로 자신의 왼발 발등을 걸어준다.) 오른손은 목깃을 당기며 자신의 골반이 상대방의 발목에 붙도록 회전한다.

03 ▶ 시계방향으로 회전하며 오른발로 상대방의 왼쪽 어깨를 밀어 넘어뜨린다.

04 ▶ 따라 일어나 마운트 포지션을 점유한다.

Technique 071 — Bottom Position
De La Riva Guard to Technical Stand up Sweep
데라히바 가드에서 테크니컬 스탠드 업 스윕

01 ▶ 오른손은 상대방의 목깃, 왼손은 뒤꿈치를 잡고, 상대방의 오른쪽 무릎 바깥에서 안으로 발등을 걸고 있는 데라히바 가드 상태.

02 ▶ 오른손으로 상대방의 목깃을 끌어당기며 오른발로 상대방의 왼쪽 무릎 위를 화살표 방향으로 밀어주며 앉는다.

03 ▶ 왼손으로 상대방의 무릎을 껴안고 오른손으로 바닥을 짚는다.

04 ▶ 오른발을 접어 상대방의 오른발 뒤꿈치를 걸어주고, 왼발과 오른손은 바닥을 짚어준다.

05 ▶ 상대방의 무릎을 왼쪽 어깨로 눌러주며 오른발 발목을 화살표 방향으로 끌며 일어나 상대방을 넘어뜨리고 스윕를 완성한다.

De La Riva Guard to Roll over Sweep

데라히바 가드에서 롤 오버 스윕

Technique 072
Bottom Position

01 ▶ 오른손은 상대방의 목깃, 왼손은 상대방의 왼팔 소매를 잡고, 상대방의 오른쪽 무릎 바깥에서 안으로 발등을 걸고 있는 데라히바 가드 상태.

02 ▶ 오른발은 상대방의 골반을 밟고 상대방을 밀었다가 당긴다.

03 ▶ 상대방의 무게 중심이 앞쪽으로 쏠리면, 양발을 머리 위로 차올려 상대방을 들어올린다.

04 ▶ 상대방은 왼발이 걸려 있어 옆으로 쓰러지게 되며, 상대방을 따라 올라가 마운트 포지션을 점유한다.

Technique 073 — Bottom Position
De La Riva Guard to Leg Drag to Taking Back
데라히바 가드에서 래그 드래그로 전환 후 백 포지션 점유하기

01 ▶ 오른손은 상대방의 오른팔 소매, 왼손은 상대방의 오른발 뒤꿈치를 잡고, 상대방의 오른쪽 무릎 바깥에서 안으로 발등을 걸고 있는 데라히바 가드 상태.

02 ▶ 왼쪽 어깨를 바닥에 붙여 엉덩이를 들고 왼발을 깊숙이 넣어 상대방의 왼쪽 골반에 붙여준다. 왼발은 뻗어주고 엉덩이를 떨어뜨려 상대방의 상체를 숙여준다.

03 ▶ 상대방의 오른쪽 엉덩이 뒤쪽으로 몸을 틀어 오른손으로 상대방의 벨트나 바지를 잡는다.

04 ▶ 왼손은 상대방의 왼발 바지를 잡고, 오른쪽 정강이를 상대방의 오른쪽 무릎 뒤쪽에 걸어주며 상체를 끌어당겨 상대방의 다리 사이에 위치한다.

05 ▶ 오른손으로 벨트를 끌어당기고, 왼손으로 바지를 들어 올리며 상대방을 뒤로 넘어뜨린다.

06 ▶ 상대방이 넘어지면 왼쪽 정강이를 상대방의 왼쪽 무릎 안쪽에 걸어준다.

07 ▶ 왼손으로 바지를 당기고 왼쪽 무릎은 밖으로 벌려주며 오른손으로 벨트를 당겨 상대방의 등 뒤로 올라간다.

08 ▶ 엎드리는 상대방을 따라 올라가 스위프를 완성시킨다.

De La Riva Guard to Berimbolo

데라히바 가드에서 베림보로

Technique 074
Bottom Position

01 ▶ 오른손은 상대방의 목깃, 왼손은 상대방의 오른쪽 바지를 잡고, 상대방의 오른쪽 무릎 바깥에서 안쪽으로 발등을 걸고 있는 데라히바 가드 상태.

02 ▶ 오른손으로 목깃을 왼쪽으로 당겨주며 왼발을 깊이 집어 넣어 반대쪽 골반에 붙여주고, 상체를 상대방의 엉덩이 쪽으로 회전시켜 넘어뜨린다.

03 ▶ 오른손은 끌어당기며 머리를 상대방의 다리 쪽으로 회전시키고, 엉덩이를 들어 왼발로 상대방의 무릎 안쪽을 당겨준다.

04 ▶ 왼손은 상대방의 왼쪽 바지를 잡고 왼발을 아래로 내려주며 상대방의 엉덩이 방향으로 이동한다.

05 ▶ 왼손은 당기고 왼쪽 무릎을 바깥으로 벌려주며, 상대방의 등으로 이동해 오른발은 상대방의 오른쪽 허벅지에 걸어주고 왼손으로 상대방의 목 뒤를 잡아준다.

06 ▶ 오른손은 목을 감고 왼손으로 겨드랑이를 파서 양손을 맞잡고, 양발은 허벅지에 걸어 백마운트를 점유한다.

Technique 074 to Reverse Half Guard Position

074 번 테크닉에서 리버스 하프 가드 상황으로 전환

01 ▶ 데라히바 가드에서 상대방을 넘어뜨린 후 오른손은 끌어당기며 머리를 상대방의 다리 쪽으로 회전시키고, 엉덩이를 들어 왼발로 상대방의 무릎 안쪽을 당겨준 상태.

02 ▶ 양손은 바닥을 짚고, 양 발목을 상대방의 왼쪽 골반에 걸어준다.

03 ▶ 양손은 바닥을 짚고 밀어주며 상대방의 몸 위로 올라온다.

04 ▶ 오른발을 상대방의 다리 사이에서 빼내 스위프를 완성시킨다.

사진02 에서 03 의 다른 각도

Arm Bar from De La Riva Guard

데라히바 가드에서 암바

Technique 076 — Bottom Position

01 ▶ 양손은 상대방의 소매를 잡고, 상대방의 오른쪽 무릎 바깥에서 안쪽으로 발등을 걸고 있는 데라히바 가드 상태.

02 ▶ 양손은 머리 방향으로 당겨주며 양발로 상대를 들어 올린다. 상대방의 몸이 뜨기 시작하면 오른손을 머리 뒤쪽으로 더 당겨준다.

03 ▶ 상대방의 오른쪽 무릎 안쪽에 걸려 있는 자신의 왼쪽 발등을 옆으로 빼내면 상대방은 몸이 옆으로 틀어지게 되는데, 이 때, 왼발을 상대방의 머리 위로 감아준다.

04 ▶ 상대방이 바닥에 떨어지면 양손으로 상대방의 오른팔을 잡고, 양 무릎을 조이면서 상대방의 엄지손가락이 하늘을 향하도록 암바를 시도한다.

Technique 077 — Bottom Position
Triangle Choke from De La Riva Guard
데라히바 가드에서 트라이앵글 초크

01 ▶ 오른손은 상대방의 목깃, 왼손은 상대방의 오른쪽 소매를 잡고, 상대방의 오른쪽 무릎 바깥에서 안쪽으로 발등을 걸고 있는 데라히바 가드 상태.

02 ▶ 오른발은 상대방의 왼팔 팔꿈치 안쪽을 밟는다.

03 ▶ 목깃을 당겨 상체가 숙여지면, 왼발로 상대방의 어깨를 눌러준 후, 오른발은 상대방의 목 뒤를 감으며 왼쪽 다리 위에 감아준다.

04 ▶ 오른손으로 상대방의 팔을 화살표 방향으로 당겨주고, 왼손으로 발목을 잡아 트라이앵글 그립을 만든다. 양손은 머리를 당기고 양 무릎은 조여주며 트라이앵글 초크를 시도한다.

Omoplata from Technique 077

077 번 테크닉에서 오모플라타

Technique 078 Bottom Position

01 ▶ 데라히바 가드에서 오른발로 상대방의 왼팔 팔꿈치 안쪽을 밟아준 상태.

02 ▶ 오른손으로 상대방의 목깃을 화살표 방향으로 당겨 상체가 숙여지면, 상대방의 어깨를 자신의 왼쪽 무릎으로 눌러주며 어깨 위로 발을 넘겨준다.

03 ▶ 상대방 다리 방향으로 엉덩이를 틀어준다.

04 ▶ 오른손으로 바닥을 짚고 상체를 세운다.

05 ▶ 왼손으로 상대방의 왼쪽 벨트나 허리를 잡아당기며 양발을 바깥쪽으로 틀어준다. 오른손은 상대방의 왼쪽 어깨를 잡고 화살표 방향으로 상체를 숙여 상대방의 팔꿈치 또는 어깨 관절을 비트는 오모플라타를 시도한다.

Sweep from Reverse De La Riva Guard ❶

리버스 데라히바 가드에서 스위프 ❶

01 ▶ 오른손으로 상대방의 오른쪽 발목을 잡고 왼손은 오른팔 소매를 잡아준다. 오른발을 상대방의 오른발 안쪽에 걸어주고, 왼발은 상대방의 골반을 밟아준 리버스 데라히바 가드 상태.

02 ▶ 왼발을 밟아주며 엉덩이를 들어올린다.

03 ▶ 오른발을 상대방의 왼쪽 무릎 안쪽에 걸어주고 오른손은 당기며 왼발을 밀어 상대방을 넘어뜨린다.

04 ▶ 오른손은 상대방의 오른발을 잡은 상태로 오른쪽 무릎을 세워 오른발 허벅지 위에 상대방의 오른발을 올려 스위프를 완성시킨다.

Taking Back from Reverse De La Riva Guard

리버스 데라히바 가드에서 백마운트 점유하기

Technique 080 — Bottom Position

01 ▶ 오른손으로 상대방의 오른쪽 발목을 잡고 왼손은 목깃을 잡아준다. 오른발을 상대방의 오른발 안쪽에 걸어주고, 왼발은 상대방의 골반을 밟아준 리버스 데라히바 가드 상태.

02 ▶ 양발을 뻗어서 상대방을 띄우고 왼손을 화살표 방향으로 당겨 상대방의 손이 바닥을 짚게 만든다.

03 ▶ 왼손으로 상대방의 왼쪽 무릎 안쪽을 잡아 당기며, 상대방 다리 사이로 몸을 회전시켜 상체가 상대방의 엉덩이 뒤편으로 빠져나온다.

04 ▶ 양 정강이를 상대방의 양 무릎 안쪽에 걸고 오른손으로 벨트나 바지를 잡는다.

05 ▶ 양발을 뻗어 상대방의 엉덩이가 바닥에 닿으면 오른손은 목을 감고 왼손으로 겨드랑이를 파서 양손을 맞잡는다. 양 발을 허벅지에 걸어주고 백마운트를 점유한다.

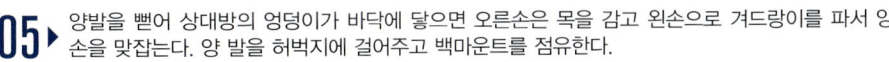

Sweep from Reverse De La Riva Guard ❷

리버스 데라히바 가드에서 스위프 ❷

01 ▶ 오른손으로 상대방의 오른쪽 발목을 잡고 왼손은 상대방의 오른팔 소매를 잡아준다. 오른발은 상대방의 오른발 안쪽에 걸어주고, 왼발은 상대방의 골반을 짚어준 리버스 데라히바 가드 상태.

02 ▶ 왼발은 상대방의 오른팔 바깥에서 안으로 감아 라쏘 가드를 만든다.

03 ▶ 오른발은 바닥을 짚고 몸을 오른쪽으로 틀어주며, 왼쪽 발목을 상대방의 오른쪽 무릎 바깥에서 안으로 걸어준다.

사진 03의 다른 각도

04 ▶ 오른손으로 상대방의 발목을 당기며 왼쪽 무릎을 바깥쪽으로 벌려 상대방을 넘어뜨린다.

05 ▶ 상대방이 넘어지면, 오른손으로 상대방의 뒤꿈치를 들어 올리고, 왼손은 목을 파서 사이드 포지션을 점유한다.

Sweep from Sit Up Guard

싯업 가드에서 스위프

Technique
082
Bottom Position

01 ▶ 양손으로 양 소매를 잡고 양발은 골반을 밟은 오픈 가드 상태.

02 ▶ 왼손으로 상대방의 오른팔을 끌어당기며 오른발로 왼쪽 허벅지를 밀어준다.

03 ▶ 상대방의 상체가 숙여지면 왼발을 바닥으로 내리는 반동을 이용해 상체를 세우고, 왼손으로 상대방의 무릎 안쪽을 껴안는다. 왼쪽 발목은 오른쪽 사진과 같이 상대방의 오른쪽 발목에 걸어준다.

04 ▶ 오른손으로 잡고 있는 상대방의 왼팔을 안쪽으로 밀어 자신의 왼손으로 바꿔 잡는다. 오른발은 상대방이 다가오지 못하도록 계속 막아준다.

05 ▶ 오른손은 상대방의 목깃을 잡고 화살표 A 방향으로 누르며, 오른발은 밀어준다.

06 ▶ 상대방이 회전해서 넘어지면 따라 일어나 사이드 포지션을 점유한다.

Brazilian Jiu-Jitsu | **089**

Omoplata from Rubber Guard

러버 가드에서 오모플라타

01 ▶ 클로즈가드 상태.

02 ▶ 양손으로 상대방의 양 팔꿈치 뒤쪽을 잡고 벌려주며 다리로 상체를 끌어당긴다.

03 ▶ 왼발을 상대방의 등 위에 올리고, 오른손으로 자신의 왼발 발등을 잡고 왼손으로 발목을 잡아 상대방의 상체를 눌러준다. 이 상태를 러버 가드라고 한다.

04 ▶ 양손으로 왼발 발목을 끌어당겨 오른팔로 상대방의 머리를 화살표 방향으로 밀어준다.

05 ▶ 왼손은 자신의 발목 위를 지나 손바닥으로 상대방의 머리 부분을 화살표 방향으로 밀어주며 왼발을 바닥으로 내려준다.

06 ▶ 오른손은 바닥에 대고 상체를 세워 상대방과 평행하도록 이동한다.

07 ▶ 왼손으로 상대방의 허리를 껴안고 엉덩이를 들어 오모플라타를 시도한다.

Gogoplata from Rubber Guard

러버 가드에서 고고플라타

Technique **084** Bottom Position

01 ▶ 왼발을 상대방의 등 위에 올리고, 오른손으로 자신의 왼발 발등을 잡고 왼손으로 발목을 잡아 상대방의 상체를 눌러주는 러버 가드 상태.

02 ▶ 오른손으로 자신의 왼발을 끌어당기고, 왼손을 화살표 A 처럼 꺾어 상대방의 머리를 밖으로 밀어준다.

03 ▶ 왼손을 턱에 대고 상대방의 머리를 밀어, 왼쪽 발등을 상대방의 목에 붙여준다.

04 ▶ 양손으로 상대방의 머리를 당기며, 왼쪽 발등을 밀어 초크를 시도한다. (사진 왼쪽)
만약, 초크가 잘 걸리지 않는 경우 발등을 세우는 방법도 있다. (사진 오른쪽).

Taking Back from 50/50 Guard

50/50 가드에서 백마운트 점유하기

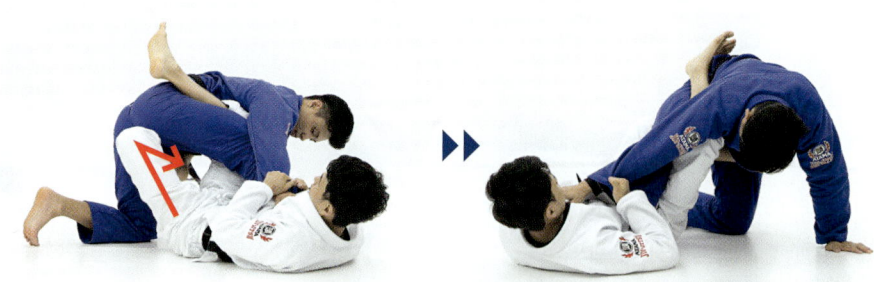

01 ▶ 상대방의 오른쪽 다리를 자신의 두 발을 이용해 트라이앵글 그립을 만든 50/50 가드 상태.

02 ▶ 왼발을 상대방의 다리 사이로 집어 넣어 왼쪽 골반에 붙여준다. 오른쪽 다리는 뻗어 상대방이 마주 보지 못하도록 한다.

03 ▶ 오른발을 접어 상대방의 다리 사이로 빼내 상대방의 오른쪽 무릎 안쪽에 걸어준다. 왼손은 상대방의 바지나 벨트를 잡아, 상대방의 엉덩이 방향으로 몸을 틀어준다.

Photo 03 Another Angle

사진 03의 다른 각도

04 ▶ 양발을 뻗어 상대방의 엉덩이가 바닥에 닿으면 오른손은 목을 감고 왼손으로 겨드랑이를 파서 양손을 맞잡는다. 양발을 허벅지에 걸어주고 백마운트를 점유한다.

Worm Guard Set Up

웜 가드 셋업

Technique
086
Bottom Position

01 ▶ 앉아있는 시팅 가드 상태에서 왼손은 상대방의 오른팔 소매를 잡고, 오른손은 상대방의 왼쪽 도복 끝부분을 잡아 꺼낸다.

02 ▶ 꺼낸 도복 부분을 오른발로 밟아주고, 왼발은 상대방의 오른팔 팔꿈치 안쪽을 밟아준다.

03 ▶ 오른발을 상대방의 왼쪽 도복 안쪽으로 찔러 넣는다. 오른손으로 도복 끝부분을 당겨 다리를 감싸준다. 이 때, 발바닥은 도복 밖으로 빼낸다.

04 ▶ 왼발은 상대방의 오른쪽 무릎 바깥에서 안쪽으로 걸어준다.

05 ▶ 상체를 세워, 오른손으로 잡고 있는 도복 끝부분을 상대방의 오른쪽 무릎 뒤로 통과시켜 양손으로 잡는다.

06 ▶ 양손으로 도복 끝부분을 잡고 있는 상태에서 오른손을 놓고 무릎 바깥에서 안으로 도복 끝부분을 바꿔잡는다. 왼손은 도복을 놓고 바닥을 짚어준다. 이 상태를 웜 가드라고 한다.

Sweep from Worm Guard

웜 가드에서 스위프

01 ▸ 상대방의 왼쪽 도복 끝부분을 꺼내 자신의 오른발을 감싸 오른손으로 도복 끝을 잡은 웜 가드의 상태.

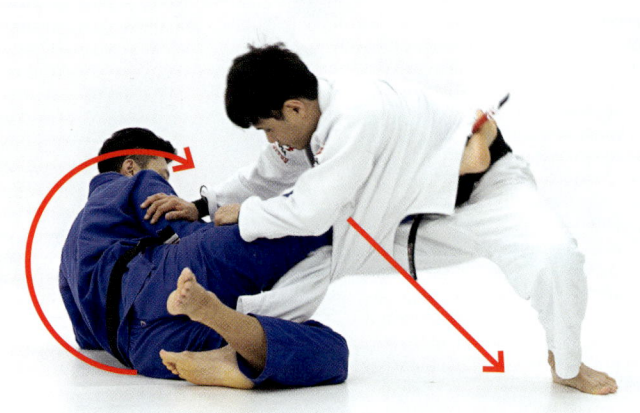

02 ▸ 도복 끝부분을 잡은 오른손과 도복에 감겨 있는 오른발을 사용하여 몸을 상대방 방향으로 비틀어 넘어뜨린다. 이 때, 왼발은 상대방의 오른발 뒤꿈치에 걸어준다.

03 ▸ 상대방이 넘어지면 오른손은 도복 끝을 잡은 상태로, 왼손은 바닥을 짚고 일어나 스위프를 완성한다.

04 ▸ 상대방의 오른쪽 허벅지 위에 주저앉는다.

05 ▸ 오른손을 놓고 상대방의 무릎 위로 올라와 마운트 포지션을 점유한다.

Berimbolo from Technique 087

087번 테크닉에서 베림보로

Technique 088
Bottom Position

01 ▶ 웜 가드를 세팅한 후 상대방을 넘어뜨려 일어난 상태.

02 ▶ 오른손으로 도복 끝을 잡은 상태로 오른쪽 어깨를 따라 앞구르기를 한다.

03 ▶ 왼발은 상대방의 오른쪽 무릎 뒤쪽에 걸어준다.

04 ▶ 왼손으로 상대방의 왼쪽 바지를 잡고 화살표 방향으로 당겨준다.

05 ▶ 왼쪽 무릎을 상대방의 왼쪽 무릎 뒤쪽에 걸어준다.

06 ▶ 왼손은 당기고 왼쪽 무릎은 밖으로 벌려 상대방의 등을 노출시킨다.

07 ▶ 오른손은 목을 감고 왼손으로 겨드랑이를 파서 양손을 맞잡는다. 양 발을 허벅지에 걸어주고 백마운트를 점유한다.

Taking Back from Worm Guard

웜 가드에서 백마운트 점유하기

01 ▸ 상대방의 왼쪽 도복 끝부분을 꺼내 자신의 오른발을 감싸 오른손으로 도복 끝을 잡은 웜 가드의 상태.

02 ▸ 도복 끝부분을 잡은 오른손과 도복에 감겨 있는 오른발을 사용하여 몸을 상대방 방향으로 비틀어 넘어뜨린다.

03 ▸ 상대방이 오른손을 바닥에 짚고 버티는 경우, 상체를 세워 왼손으로 상대방의 바지를 잡아, 화살표 방향으로 끌어당겨 상대를 넘어뜨린다.

04 ▸ 상대방의 왼쪽 바지를 잡고 화살표 방향으로 당겨준다.

05 ▸ 오른손으로 상대방의 바지를 잡고, 왼손은 당기고 왼쪽 무릎은 밖으로 벌려 상대방의 등을 노출시킨다.

06 ▸ 양손으로 상대방을 당겨 등으로 이동한다.

07 ▸ 오른손은 목을 감고 왼손으로 겨드랑이를 파서 양손을 맞잡는다. 양 발을 허벅지에 걸어주고 백마운트를 점유한다.

Brazilian Jiu-Jitsu

CHAPTER 02 →
Top Position

Ankle Pick Takedown

앵클 픽 테이크 다운

01 ▶ 오른손은 목깃, 왼손은 상대방의 오른쪽 팔꿈치를 잡고 서 있는 상태.

02 ▶ 상대방을 끌어당기며 양발을 뒤로 빼준다.

03 ▶ 상대방에게 매달리듯 양 무릎을 꿇어 상대방의 상체가 기울어지도록 한다.

04 ▶ 왼손으로 상대방의 오른쪽 뒤꿈치를 잡는다.

05 ▶ 오른손으로 상대방의 몸을 밀고, 오른발을 들어올리며 자신도 따라 일어난다.

06 ▶ 상대방의 발을 자신의 허리까지 들어올린다.

07 ▶ 오른손으로 상대방의 목깃을 오른쪽으로 당기고, 왼손으로 다리를 들어올리며 상대방을 회전시켜 넘어뜨린다. IBJJF 룰에서는 테이크다운의 포인트를 얻으려면 상대방을 넘어뜨려 상대방의 엉덩이가 바닥에 닿은 후 3초를 유지해야 한다.

Single Leg Takedown

싱글 래그 테이크 다운

Technique **091** Top Position

01 ▶ 오른손은 목깃, 왼손은 상대방의 오른쪽 팔꿈치를 잡고 서 있는 상태.

02 ▶ 바깥쪽으로 몸을 회전시켜 무릎을 꿇으며 상대방의 발목을 잡는다.

03 ▶ 목깃을 잡은 오른손은 끌어당기며 왼손으로 발목을 잡고 들어올려 상대방의 정면을 마주본다.

04 ▶ 왼발로 상대방의 왼발 뒤꿈치를 걸어 상대방을 넘어뜨린다.

Technique 092 Top Position

Arm Bar from Side Control ❶

사이드 컨트롤에서 암바 ❶

01 ▶ 왼손은 목을 파고, 오른손은 겨드랑이를 파고 있는 사이드 포지션 상태.

02 ▶ 오른손으로 상대방의 어깨를 잡고 왼손으로 상대방의 팔을 들어 올려 겨드랑이 사이에 끼워준다. 허리를 틀어 오른쪽 무릎을 상대방의 어깨에 받쳐준다. (스카프 홀드 상태)

03 ▶ 허리를 틀어 왼발을 상대방의 머리 위로 넘겨 목 옆에 붙여준다.

04 ▶ 오른쪽 무릎을 들어 상대방의 겨드랑이 옆에 붙여준 뒤, 오른손으로 상대방의 왼쪽 어깨를 끌어당기며 상대방의 오른손은 껴안은 상태로 앉아준다. 양 무릎은 조이고 상대방의 오른팔을 고정한 후, 암바를 시도한다.

Arm Bar from Side Control ❷

사이드 컨트롤에서 암바 ❷

Technique 093 — Top Position

01 ▶ 오른손으로 상대방의 어깨를 잡고 왼손으로 상대방의 팔을 들어 올려 겨드랑이 사이에 끼워준다. 허리를 틀어 오른쪽 무릎을 상대방의 어깨에 받쳐준다. (스카프 홀드 상태)

02 ▶ 왼손은 상대방의 왼쪽 귀 옆 바닥을 짚는다.

03 ▶ 허리를 틀어 왼발을 상대방의 머리 위로 넘겨 목 옆에 붙여주고, 오른손으로 상대방의 팔을 껴안는다.

04 ▶ 몸을 반대로 회전시키고 왼쪽 무릎을 상대 겨드랑이 밑에 붙여주고 양 무릎을 조이며 양팔로 상대방의 왼팔을 잡고 암바를 시도한다. 이 때, 상대방의 엄지가 반드시 하늘을 향하도록 한다.

Arm Bar from Mount

마운트 포지션에서 암바

01 ▸ 상대방의 배 위에 올라타 있는 마운트 포지션 상태.

02 ▸ 오른손으로 상대방의 왼팔을 들어올리고, 무릎을 겨드랑이 위치까지 올린다. 반대쪽도 마찬가지로 움직여서 상대방의 어깨 위쪽까지 올린다. 이 상태를 하이 마운트라고 한다.

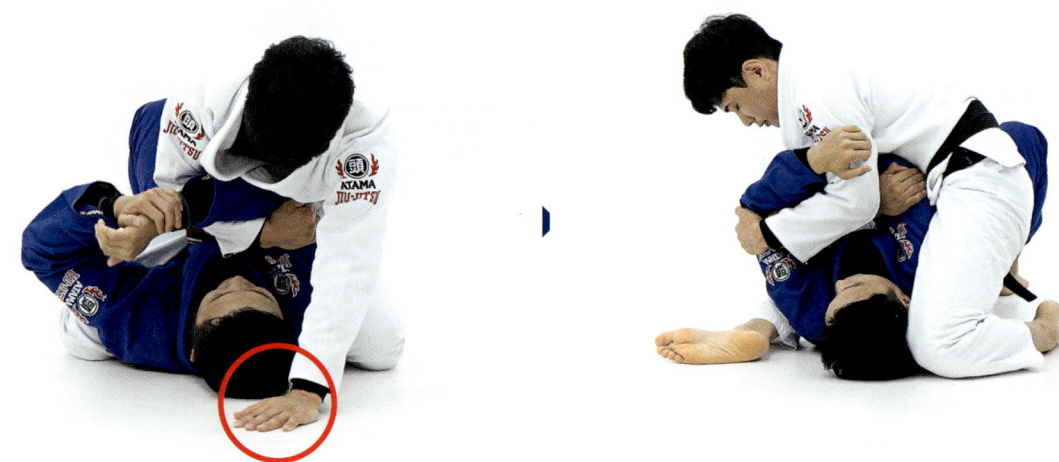

03 ▸ 오른손으로 상대방의 오른쪽 팔꿈치를 감싸고, 왼손은 상대의 머리 위를 짚고 사진과 같이 몸을 회전한다.

04 ▸ 왼손으로 상대방의 왼팔을 끌어당기면서 엉덩이를 바닥에 붙인다.

05 ▸ 양손으로 상대방의 손목을 잡아, 가슴에 붙이며 암바를 시도한다.

Arm Bar from Turtle Position

터틀 포지션에서 암바

Technique
095
Top Position

01 ▸ 상대방이 웅크리고 있는 터틀 포지션일 때, 상대방의 위에 올라타 있는 상태.

02 ▸ 오른손으로 상대의 오른쪽 손목을 잡고, 상대방의 왼쪽으로 이동한다.

03 ▸ 왼손으로 바닥을 짚고 상대방의 후두부에 무릎을 찔러 넣어 왼쪽 발등을 목 뒤에 붙인다.

04 ▸ 오른발을 상대 허벅지 안쪽으로 찔러 넣고 오른쪽 발목을 걸어준다. 양손으로 상대방의 오른팔을 껴안고 상대방의 머리방향으로 눕는다.

05 ▸ 오른손으로 상대방의 오른쪽 바지를 잡고 회전하며, 상대방 허벅지에 걸어준 자신의 오른쪽 발목을 차 올려 상대방을 넘긴다.

06 ▸ 무릎은 조여주고 양손으로 상대방의 손목을 잡아, 가슴에 붙이며 암바를 시도한다.

Technique 096 Top Position
Triangle Choke from Mount
마운트 포지션에서 트라이앵글 초크

01 ▶ 상대방의 배 위에 올라타 양손으로 상대방의 양 손목을 잡은 마운트 포지션 상태.

02 ▶ 오른손으로 상대방의 왼쪽 손목을 상대방의 가슴에 붙여준다.

03 ▶ 왼손은 바닥을 짚고 상체로 상대방의 오른팔을 눌러주며, 오른발로 상대방의 왼팔 위로 넘겨 상대방의 목을 감아 트라이앵글 그립을 만든다.

04 ▶ 오른쪽 어깨방향으로 회전하며, 왼손으로 자신의 오른쪽 발목을 잡고 끌어당겨 트라이앵글 그립을 완성한다. 양 허벅지를 조이고 양손으로 상대방의 머리를 당기며 트라이앵글 초크를 시도한다.

Triangle Choke from Side Control

사이드 컨트롤에서 트라이앵글 초크

Technique 097 — Top Position

01 ▶ 왼손은 목을 파고, 오른손은 겨드랑이를 파고 있는 사이드 포지션 상태.

02 ▶ 오른손은 상대방의 오른팔을 들어올린 후, 왼쪽 무릎을 머리 옆에 붙여준다.

03 ▶ 상대방이 왼손으로 겨드랑이를 파며 일어나려고 할 때,

04 ▶ 오른손으로 상대방의 왼손을 잡아서 화살표 방향으로 밀어준다. (리버스 스카프 홀드 상태)

05 ▶ 오른발은 상대방의 왼팔 위로 넘겨준다.

06 ▶ 오른쪽 어깨방향으로 누워주며, 왼손으로 자신의 오른쪽 발목을 잡고 끌어당겨 트라이앵글 그립을 완성한다. 양 허벅지를 조이고 양손으로 상대방의 머리를 당기며 트라이앵글 초크를 시도한다.

Triangle Choke from Back Mount Position

백마운트 컨트롤에서 트라이앵글 초크

01 ▶ 백마운트 포지션에서 상대방이 양손으로 수비하는 상황.

02 ▶ 오른손으로 상대방의 오른손을 잡고 바깥쪽으로 보낸 후, 오른발로 상대방의 오른쪽 팔꿈치 위에 걸어준다.

03 ▶ 오른발로 상대방의 오른손을 묶은 후, 오른손으로 목을 파고 왼손으로 겨드랑이를 파서 양손을 맞잡고 뒤로 눕는다.

04 ▶ 오른쪽으로 몸을 비틀며 왼손으로 자신의 오른발 발목을 잡는다.

05 ▶ 양손으로 상대방의 왼손을 잡고, 트라이앵글 그립을 완성한다.

06 ▶ 허벅지를 조이며 왼팔을 끌어당겨 트라이앵글 초크를 시도한다.

Rear Naked Choke from Back Mount Position

백마운트 포지션에서 리어 네이키드 초크 (RNC)

01 ▶ 백마운트 포지션에서 왼손은 목을 파고 오른손은 겨드랑이를 파서 양 손을 맞잡은 상태.

02 ▶ 왼팔은 상대방의 턱에 대고 손바닥으로 어깨를 잡는다.

03 ▶ 오른손은 상대방의 오른쪽 어깨 뒤에서 머리 뒤로 넘기고, 왼손으로 오른쪽 팔꿈치 안쪽을 잡는다. 오른쪽 손바닥을 왼팔 팔꿈치 위쪽을 잡고 팔꿈치를 끌어당기며 가슴을 내밀어 초크를 시도한다. 이 때, 고개를 숙여 왼쪽 귀가 상대방 오른쪽 귀에 붙이면 효과적이다.

Technique 100 Top Position

Bow and Arrow Choke from Back Mount Position
백마운트 포지션에서 보우 앤드 에로우 초크

01 ▶ 백마운트 포지션에서 왼손은 목을 파고 오른손은 겨드랑이를 파서 양손을 맞잡은 상태.

02 ▶ 오른손으로 상대방의 오른쪽 목깃을 잡고 바깥쪽으로 열어준다.

03 ▶ 왼손은 상대방의 턱 밑으로 넣어 손등이 위를 향하도록 오른쪽 목깃을 잡는다. 이 때, 오른손으로 목깃을 아래로 당기면서 왼손을 깊게 잡는다.

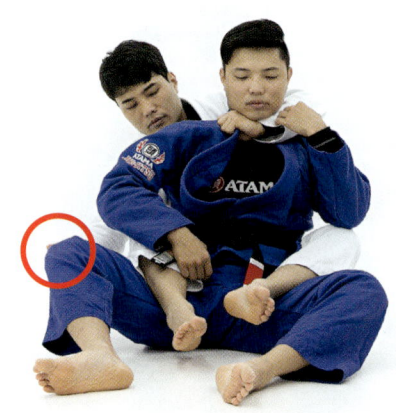

04 ▶ 오른손은 상대방의 오른쪽 무릎 바깥쪽을 잡는다.

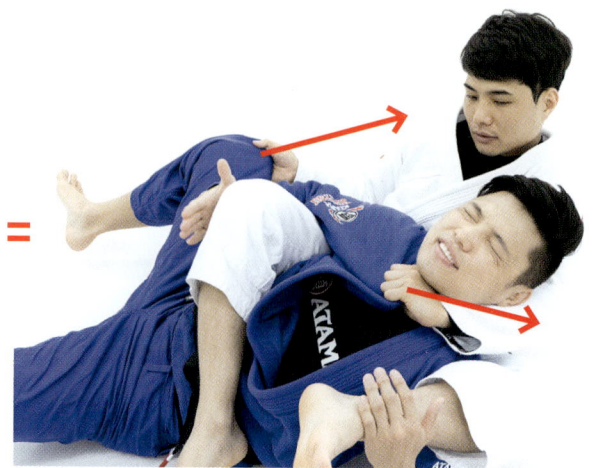

05 ▶ 상체는 상대방의 다리 방향으로 틀고, 양손은 끌어당기며 보우 앤드 에로우 초크를 시도한다.

Bow and Arrow Choke from Turtle Position

터틀 포지션에서 보우 앤드 에로우 초크

Technique 101
Top Position

01 ▶ 상대방이 웅크리고 있는 터틀 포지션에서 왼손은 목을 파고 오른손은 겨드랑이를 파서 껴안은 상태.

02 ▶ 왼손으로 상대방의 오른쪽 목깃을 잡고, 오른손으로 상대방 무릎 바깥쪽을 잡는다.

03 ▶ 상대방의 목깃과 무릎을 잡은 상태로 엉덩이를 들고 왼쪽 다리를 넘겨 회전을 한다.

04 ▶ 회전하는 힘으로 상대방이 끌려오면 왼발로 상대방의 왼쪽 팔꿈치 바깥쪽을 감싼 후, 목깃과 무릎을 끌어당겨 보우 앤드 에로우 초크를 시도한다.

Brazilian Jiu-Jitsu | 109

Collar Choke from Back Mount Position ❶

백마운트 포지션에서 칼라 초크 ❶

01 ▶ 왼손은 상대방의 턱 밑으로 넣어 손등이 위를 향하도록 오른쪽 목깃을 깊게 잡는다. 오른손은 상대방의 오른쪽 무릎 바깥쪽을 잡는다.

02 ▶ 상대방이 오른손을 들어 무릎을 못 잡는 경우

03 ▶ 오른손은 상대방의 오른쪽 팔꿈치 안쪽에서 목 뒤쪽으로 감아준다.

04 ▶ 오른손은 왼쪽 팔목을 감싸 상대방의 후두부를 눌러주며 왼손을 끌어당겨 초크를 시도한다. 이 때, 상체를 오른쪽 어깨 방향으로 비틀고 다리는 상대방 몸 쪽으로 내려준다.

Collar Choke from Back Mount Position ❷

백마운트 포지션에서 칼라 초크 ❷

Technique 103 Top Position

01 ▶ 백마운트 포지션에서 왼손은 목을 파고 오른손은 겨드랑이를 파서 상대방의 오른쪽 목깃을 잡고 바깥쪽으로 열어준다.

02 ▶ 오른손은 오른쪽 목깃을 잡고 아래로 당겨주며 왼손으로 오른쪽 목깃을 깊게 잡는다.

03 ▶ 오른손은 왼쪽 목깃으로 바꿔 잡는다.

04 ▶ 왼손은 끌어당기고 오른손은 아래로 내려 칼라 초크를 시도한다.

Technique 104 Top Position

Arm Triangle from Side Control
사이드 컨트롤에서 암 트라이앵글 초크

01 ▶ 왼손은 목을 파고 오른손은 겨드랑이를 파고 있는 사이드 포지션 상태

02 ▶ 상대방이 왼손으로 목을 밀어 도망가려고 할 때,

03 ▶ 오른손으로 상대방의 팔꿈치를 밀며, 왼쪽 목에 상대방의 왼팔이 들어오게 한다.

04 ▶ 양손으로 꺼안아 왼팔이 상대방의 목을 압박하도록 눌러준다.

05 ▶ 오른쪽 다리를 들어 발끝을 세운다.

06 ▶ 왼쪽 어깨를 축으로 반대쪽으로 넘어가 사이드 포지션으로 전환한다.

07 ▶ 바닥에 몸을 붙여, 왼쪽 어깨를 압박하여 암 트라이앵글 초크를 시도한다.

Arm Triangle from Mount

마운트 포지션에서 암 트라이앵글 초크

Technique 105 — Top Position

01 ▶ 마운트 포지션에서 왼손으로 상대의 목깃을 잡고 초크를 시도한다. 상대방이 초크를 방어하기 위해 손을 뻗어 방어를 하면,

02 ▶ 오른손으로 상대방의 왼팔을 밀고, 고개를 숙여 왼쪽 목에 상대방의 왼팔이 들어오게 한다.

03 ▶ 양손을 맞잡아 준다.

04 ▶ 양손을 맞잡은 상태로 사이드 포지션으로 이동한다. (사진 04 다른 각도 참조).

05 ▶ 바닥에 몸을 붙여, 왼쪽 어깨를 압박하며 암 트라이앵글 초크를 시도한다.

사진 04 다른 각도
마운트에서 측면으로 이동할 때 발의 움직임.

Technique 106 Top Position
Cross Choke from Side Control
사이드 컨트롤에서 크로스 초크

01 ▶ 왼손은 목을 파고 오른손은 겨드랑이를 파고 있는 사이드 포지션 상태.

02 ▶ 왼손으로 상대방의 목깃을 깊게 잡고 허리를 틀어 상대방을 압박한다. (스카프 홀드)

03 ▶ 왼쪽 다리를 머리 위로 넘기고, 무릎을 대고 몸을 회전한다.

04 ▶ 반대쪽으로 이동하면서 오른손으로 왼쪽 목깃을 잡는다.

05 ▶ 상대방의 어깨 방향으로 체중을 실어주며 양손을 모아 크로스 초크를 시도한다.

Baseball Bat Choke from Knee on Belly Position

니 온 벨리 포지션에서 베이스볼 벳 초크

Technique 107 Top Position

01 ▶ 왼손은 손등이 위로 향하도록 목깃을 잡고, 오른쪽 무릎으로 복부를 누르고 있는 니 온 벨리 상태.

02 ▶ 오른손은 손바닥을 위로 하고 왼쪽 목깃을 깊게 잡는다.

03 ▶ 몸을 틀면서 양손은 목깃을 당겨 초크를 시도한다.

04 ▶ 만일 03의 초크가 실패하는 경우, 양손을 잡은 상태로 양발을 세워 노스 사우스 포지션으로 이동한다.

05 ▶ 노스 사우스 포지션까지 이동하면 상체로 상대방의 복부에 체중을 실으며 초크를 시도한다.

Technique 108 Top Position
Ezekiel Choke from Mount
마운트 포지션에서 이제키엘 초크

01 ▸ 상대방의 복부 위에 올라탄 마운트 포지션 상태.

02 ▸ 왼팔을 상대방의 머리 밑에 넣는다.

03 ▸ 왼손으로 자신의 오른쪽 소매 속에 네 손가락을 집어넣어 잡는다.(IBJJF 룰에서 자신의 소매 속에 손가락을 넣는 것은 반칙이 아니다.)

04 ▸ 오른쪽 손목을 돌려 주먹으로 상대방의 목을 눌러준다.

05 ▸ 양 손목으로 눌러주며 이제키엘 초크를 시도한다.

Photo 02 to 04 Another Angle

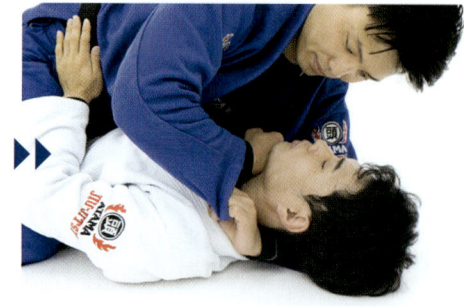

사진 02 – 04 의 다른 각도.

Ezekiel Choke from Side Control

사이드 컨트롤에서 이제키엘 초크

Technique 109 — Top Position

01 ▶ 왼손은 목을 파고 오른손은 겨드랑이를 파고 있는 사이드 포지션 상태.

02 ▶ 상대방이 사이드 포지션에서 벗어나려고 반대 방향으로 몸을 돌리면,

03 ▶ 오른손은 상대방의 겨드랑이를 판 상태로 머리 뒤편까지 집어넣고 자신의 왼쪽 소매 속에 네 손가락을 집어넣어 잡는다.

04 ▶ 양 손목으로 눌러주며 이제키엘 초크를 시도한다.

Foot Lock from Opponent's Open Guard

상대방의 오픈 가드에서 풋락

01 ▶ 상대방이 양발로 골반을 밟고 있는 오픈가드 상태.

02 ▶ 오른손은 상대방의 무릎을 잡고, 왼팔로 발목을 감싸 자신의 목깃을 깊게 잡는다. 양 무릎으로 상대방의 오른발 무릎을 조이며 그 자리에 앉는다.

03 ▶ 오른쪽 무릎을 밖으로 밀어주며 양 무릎으로 상대 무릎을 고정한다.

04 ▶ 상체를 뒤로 젖혀 풋락을 시도한다.

05 ▶ 풋락이 걸리지 않는 경우, 오른팔을 상대방의 오른발 종아리 뒤편에 붙인다.

06 ▶ 오른손은 자신의 왼팔 팔꿈치 안쪽을 잡고, 왼손은 상대방의 정강이를 잡는다. (리어네이키드 초크 그립과 동일)

07 ▶ 양 무릎은 조이고, 상체를 화살표 방향으로 젖혀 풋락을 시도한다.

Knee Bar to Toe Hold from Opponent's Open Guard

상대방의 오픈 가드에서 니바, 토홀드로 전환

Technique 111 Top Position

01 ▶ 상대방이 양발로 골반을 밟고 있는 오픈가드 상태.

02 ▶ 오른쪽 무릎을 상대방의 오른쪽 골반 위에 올리며 왼손으로 상대방의 오른쪽 다리를 감싸고, 오른손은 바닥을 짚는다.

03 ▶ 오른쪽 무릎은 바닥에 대고 상대방 다리를 껴안으며 회전한다.

04 ▶ 오른쪽 어깨 방향으로 누워 양 무릎을 조이고 상대방의 오른발을 고정시켜, 양손으로 상대방의 뒤꿈치를 잡아 상체쪽으로 당기며 니바를 시도한다.

05 ▶ 니바가 실패한 경우, 왼손은 상대방의 발등을 잡고 오른손으로 상대방의 발목 뒤쪽을 지나 자신의 왼쪽 손목을 잡아 토홀드 그립을 만든다. (기무라 그립과 동일함) 허리를 숙이며, 상대방의 엄지발가락 방향으로 발등을 비틀어 토홀드를 시도한다. (IBJJF 룰에서는 니바, 토홀드는 갈색띠 이상 사용 가능)

Technique 112 Top Position
Americana Lock from Side Control

사이드 컨트롤에서 아메리카나 락

01 ▶ 오른손은 목을 파고 왼손은 겨드랑이를 파고 있는 사이드 포지션 상태.

02 ▶ 상대방이 오른손으로 목을 밀며 방어를 할 때.

03 ▶ 양손으로 상대방의 오른쪽 손목을 잡고 바닥에 붙인다.

04 ▶ 오른손은 상대방의 손목을 누른 상태로, 왼손은 팔꿈치 밑으로 지나 자신의 오른쪽 손목을 잡는다.

05 ▶ 양손으로 상대방의 오른팔을 잡은 상태로 팔꿈치를 내려 몸쪽에 붙인 후 자신의 왼쪽 팔꿈치를 들어 상대방의 팔꿈치와 어깨를 비트는 아메리카나 락을 시도한다.

Americana Lock from Mount

마운트 포지션에서 아메리카나 락

Technique 113 — Top Position

01 ▶ 상대방의 배 위에 올라탄 마운트 포지션 상태

02 ▶ 양손으로 상대방의 오른쪽 손목을 잡고 바닥에 붙인다.

03 ▶ 오른쪽 팔꿈치로 상대방의 머리를 막아주고 오른손은 상대방의 손목을 누른 상태로, 왼손은 팔꿈치 밑으로 지나 자신의 오른쪽 손목을 잡는다.

04 ▶ 양손으로 상대방의 오른팔을 잡은 상태로 팔꿈치를 내려 몸쪽에 붙인 후 자신의 왼쪽 팔꿈치를 들어 상대방의 팔꿈치와 어깨를 비트는 아메리카나 락을 시도한다.

Arm Bar from Back Mount Position

백마운트 포지션에서 암바

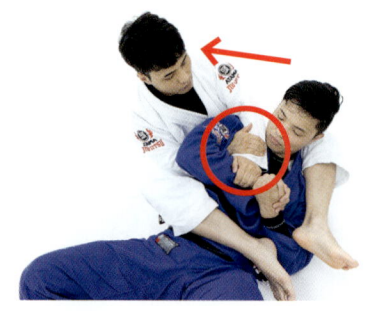

01 ▶ 백마운트 포지션에서 상대방이 양손으로 초크를 시도하는 왼손을 잡아 방어하는 상황.

02 ▶ 오른발은 상대방의 가슴 위로 올린 후 양손을 끌어당긴다.

03 ▶ 왼손은 그립을 유지한 상태로 상대방의 오른쪽 어깨 위로 넘겨준다. 몸을 옆으로 틀며 어깨를 왼쪽 무릎 뒤쪽으로 걸어준다.

04 ▶ 왼발은 상대방의 머리 위로 넘겨 상대방이 일어나지 못하도록 화살표 방향으로 밀어준다.

05 ▶ 상대방이 양손을 꺼안는 경우, 오른손을 상대방의 팔꿈치 안으로 넣어 자신의 왼쪽 손목을 잡는다. 뒤로 눕는 힘을 이용하여 상대방의 팔을 빼내 암바를 시도한다.

Kimura Counter to Arm Bar

기무라 카운터로 암바

Technique 115 — Top Position

01 ▶ 사이드 마운트 포지션을 점유했지만, 상대방이 기무라를 시도하는 경우.

02 ▶ 기무라 그립이 잡힌 상태에서 왼발을 상대방의 머리 위로 넘겨준다.

03 ▶ 반대쪽 사이드 포지션으로 몸을 회전하며 오른손으로 상대방의 왼팔을 껴안는다.

04 ▶ 왼쪽 무릎은 겨드랑이에 붙이고 그 자리에 앉으며 상대 머리 부분에 오른발을 걸고 무릎을 조여주며 암바를 시도한다.

Technique 116 Top Position
Arm Lock from Scarf Hold
스카프 홀드에서 암락

01 ▶ 오른손으로 겨드랑이를 파고 왼손으로 상대방의 왼팔 팔꿈치를 잡고 상체를 상대방의 얼굴 방향으로 틀어 압박하는 스카프 홀드 상태.

02 ▶ 상대방의 오른손을 왼손으로 눌러 오른쪽 허벅지 위에 올려준다.

03 ▶ 오른발로 상대방 오른쪽 손목이 구부러지도록 눌러준다.

04 ▶ 오른발을 왼쪽 무릎 안쪽에 걸어 트라이앵글 그립을 만든다.

05 ▶ 상체는 비틀고 왼발은 상대방의 오른팔을 누르며 암락을 시도한다.

06 ▶ (추가 바리에이션) 스카프 홀드 상태에서 상대방의 오른손을 왼손으로 눌러 오른쪽 허벅지 위에 올려준 상태.

07 ▶ 왼손으로 상대방의 팔이 펴지도록 눌러준 후, 왼발로 감싼다.

08 ▶ 상체를 비틀고 왼발은 뒤로 끌어 암락을 시도한다.

Arm Lock from Technique 116

116 테크닉에서 암락

Technique **117** Top Position

01 ▶ 스카프 홀드 상태에서 상대방의 오른팔이 펴지도록 눌러준 후, 왼발로 감싼 상태.

02 ▶ 상대방이 왼손을 들어 방어하려고 할 때, 왼손으로 손목을 잡고 오른손은 팔꿈치 밑으로 통과해 자신의 왼손 손목을 잡는다.

03 ▶ 양손으로 상대방의 왼팔을 아래로 내려 팔꿈치를 몸쪽에 붙인 후 자신의 오른쪽 팔꿈치를 들어 상대방의 팔꿈치와 어깨를 비트는 아메리카나 락을 시도한다.

04 ▶ (추가 바리에이션) 스카프 홀드 상태에서 상대방의 오른팔이 펴지도록 눌러준 후, 왼발로 감싼 상태에서 상대방의 손이 아래로 향한 경우.

05 ▶ 왼발은 상대방의 머리를 넘어 무릎을 세워주고 양손으로 상대방의 팔을 잡고 상체를 비틀어 세워준다.

06 ▶ 왼팔은 상대방의 왼팔을 감싸고 왼손으로 자신의 오른쪽 손목을 잡고 오른손으로 상대방의 손목을 잡아 기무라 그립을 만든다.

07 ▶ 왼쪽 무릎은 상대방의 어깨 뒤쪽에 붙여주고 상대방의 왼쪽 팔꿈치를 자신의 가슴에 붙인 후 화살표 방향으로 비트며 암락을 시도한다.

Breaking Closed Guard ❶
클로즈 가드 빠져나오기 ❶

01 ▶ 상대방이 양발로 허리를 감싸 클로즈 가드를 만든 상황.

02 ▶ 양손으로 상대방의 벨트를 잡고 바닥으로 눌러주며 엉덩이를 들고 발가락을 세운다.

 ▶▶

03 ▶ 양손은 앞으로 밀며 무릎을 꿇은 상태로 뒷걸음질하고 골반은 좌우로 비틀어준다.

04 ▶ 상대방의 발이 풀리면 오른쪽 무릎을 세워준다. 정강이로 상대방의 왼쪽 허벅지 안쪽을 밀어 클로즈 가드로 되돌아가지 못하도록 한다.

Breaking Closed Guard ❷

클로즈 가드 빠져나오기 ❷

01 ▶ 상대방이 양발로 허리를 감싸 클로즈 가드를 만든 상황.

02 ▶ 양손은 상대방의 양 목깃을 잡고 겨드랑이로 벌려 바닥에 붙여주며 일어선다.

03 ▶ 오른쪽 무릎을 상대방 꼬리뼈에 붙이고 그대로 앉으며 클로즈 가드를 푼다.

Closed Guard to Knee Cut
클로즈가드에서 니컷으로 전환

01 ▸ 상대방이 양발로 허리를 감싸 클로즈 가드를 만든 상황.

02 ▸ 오른손으로 상대방의 목깃, 왼손으로 벨트를 잡고 바닥으로 눌러주며 엉덩이를 들고 발가락을 세운다.

03 ▸ 양손은 앞으로 밀며 무릎을 꿇은 상태로 뒷걸음질한다.

04 ▸ 왼발은 뒤로 뻗어 다리를 세우고, 왼손은 상대방의 무릎 안쪽을 잡아준다.

05 ▸ 왼발을 뒤로 빼며 왼손으로 무릎을 바닥에 붙여준다.

06 ▸ 오른쪽 무릎은 상대방의 오른쪽 허벅지 위를 눌러준다.

Passing the Closed Guard ❶

클로즈가드 패스 ❶

Technique 121 Top Position

01 ▶ 118 테크닉으로 클로즈 가드를 빠져나와 오른쪽 정강이로 허벅지 안쪽을 밀어준 상황.

02 ▶ 오른쪽 무릎으로 상대방의 왼쪽 허벅지 위쪽을 눌러주며, 오른쪽 무릎을 바닥에 붙이고 자동차 와이퍼처럼 양발을 오른쪽으로 회전시켜 자신의 왼쪽 정강이로 상대방의 왼쪽 허벅지를 눌러준다.

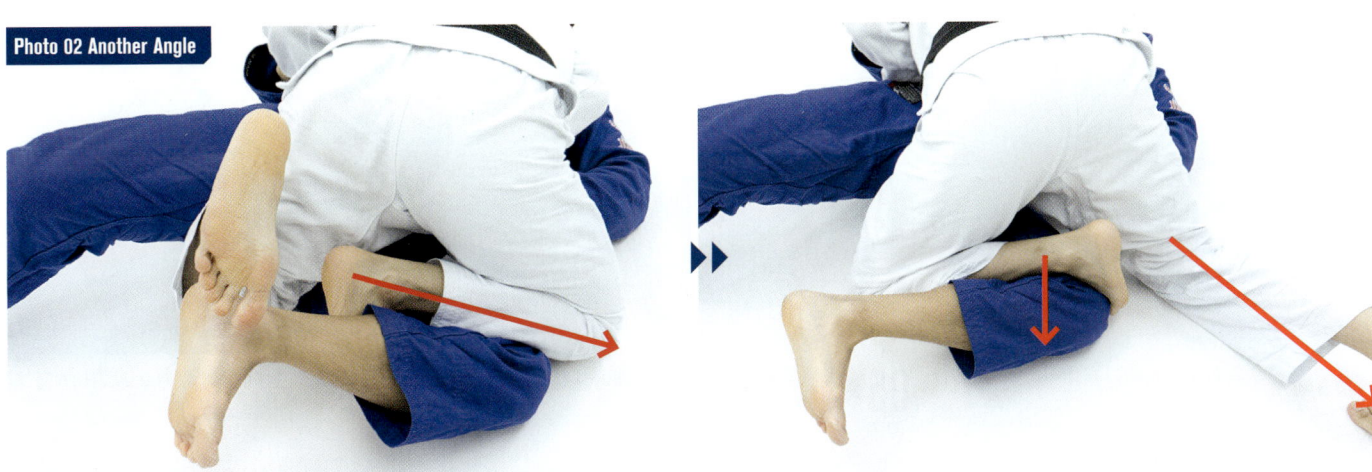

사진 02 다른 각도

03 ▶ 오른손은 상대방의 목을 파고 상체를 압박하며 허리를 비틀어 왼발이 빠져 나온 후 사이드 포지션을 점유한다.

Closed Guard to Stack Pass ❶

클로즈가드에서 스택 패스 ❶

01 ▶ 118 테크닉으로 클로즈 가드를 빠져나와 오른쪽 정강이로 허벅지 안쪽을 밀어준 상황.

02 ▶ 왼손으로 상대방의 오른쪽 무릎 안쪽을 눌러 바닥에 붙여준다.

03 ▶ 오른손을 놓고 오른쪽 어깨가 상대방의 왼쪽 무릎 안쪽에 들어가도록 자세를 낮춘 후, 오른손으로 상대방의 오른쪽 목깃을 손등이 위로 향하도록 깊게 잡는다.

04 ▶ 왼손으로 상대방의 허리쪽 바지를 잡는다.

05 ▶ 오른쪽 어깨로 상대방의 왼쪽 다리를 눌러주며 왼손은 엉덩이를 높이 들어 체중으로 상대방을 압박한다.

06 ▶ 다리방향을 쳐다보고 몸을 오른쪽으로 틀어 사이드 포지션을 점유한다.

Closed Guard to Stack Pass ❷

클로즈가드에서 스택 패스 ❷

Technique
123
Top Position

01 ▶ 오른쪽 어깨가 상대방의 왼쪽 무릎 안쪽에 들어가도록 자세를 낮춘 후, 오른손은 상대방의 오른쪽 목깃을 손등이 위로 향하도록 깊게 잡은 상태.

02 ▶ 왼쪽 무릎은 상대방의 오른쪽 허벅지 위를 눌러준다.

03 ▶ 왼손은 상대방의 목을 파고 허리를 틀며 상대방의 오른발을 넘어간다.

04 ▶ 오른손은 상대방의 겨드랑이를 파며 사이드 포지션을 점유한다.

Knee Cut Pass
니컷 패스

01 ▶ 클로즈 가드를 빠져나와 오른쪽 정강이로 상대방의 오른쪽 허벅지 안쪽을 눌러준 상황.

02 ▶ 왼손으로 상대방의 오른팔을 끌어당기며 오른쪽 무릎을 바닥에 붙인다.

03 ▶ 오른손으로 상대방의 왼쪽 겨드랑이를 파고 오른쪽 무릎은 상대방의 허벅지를 눌러주며 슬라이딩하여 발을 빼낸다.

04 ▶ 왼손은 목을 파며 사이드 포지션을 점유한다.

X Pass to Leg Drag

엑스 패스에서 레그 드래그

Technique 125 — Top Position

01 ▶ 상대방의 양발이 골반을 받치고, 오른손은 목깃, 왼손은 소매를 잡고 있는 오픈가드 상태.

02 ▶ 오른손으로 상대방의 오른발 무릎 안쪽, 왼손은 오른발 바지 끝을 잡는다.

03 ▶ 양손으로 상대방의 오른발을 자신의 오른쪽 골반 옆으로 당긴다.

04 ▶ 오른발을 엉덩이 뒤쪽으로 차올리며 왼손으로 상대방의 오른쪽 다리를 화살표 방향으로 밀어준다.

05 ▶ 오른발은 상대방의 두 무릎 뒤쪽에 찔러 넣으며 오른손으로 상대방의 오른쪽 다리를 감싼다.

06 ▶ 자세를 낮춰 오른손으로 상대방의 왼쪽 목깃을 잡는다. 오른팔 팔꿈치는 당겨 자신의 오른편 무릎에 붙이고 상대방의 오른쪽 다리를 가둬준다.

07 ▶ 왼손은 상대방의 목을 감싸며 압박한다. 이 자세를 레그 드래그라고 한다.

08 ▶ 오른손은 상대방의 왼쪽 무릎을 잡고 끌어당기며 허리를 비틀어 오른발로 바닥을 짚는다.

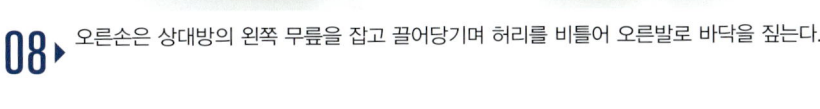

09 ▶ 왼쪽 무릎은 상대방의 겨드랑이에 붙이고 사이드 포지션을 점유한다.

Technique 126 Top Position

Toreando Pass
토리안도 패스

01 ▶ 상대방의 양발이 골반을 받치고, 오른손은 목깃, 왼손은 소매를 잡고 있는 오픈가드 상태.

02 ▶ 왼손은 바지를 잡고 오른손은 상대 목깃을 잡아, 상대방을 누르며 오른발, 왼발 순으로 시계 방향으로 뒷걸음질한다.

03 ▶ 엉덩이를 위로 들며 왼손으로 상대방의 오른발을 내려 화살표 방향으로 밀어준다.

04 ▶ 왼쪽 어깨를 상대방의 복부에 붙여 압박한다.

05 ▶ 왼손은 목을 파고 사이드 포지션을 점유한다.

Jumping X Pass

점핑 엑스 패스

Technique 127 — Top Position

01 ▶ 상대방의 양발이 골반을 받치고, 오른손은 목깃, 왼손은 소매를 잡고 있는 오픈가드 상태.

02 ▶ 오른손은 목깃, 왼손은 오른쪽 바지를 잡은 후 자신의 오른쪽 방향으로 왼발 오른발 순서로 스텝을 밟는다.

03 ▶ 왼손으로 상대방의 오른발을 내리며, 오른발 왼발 오른발 순으로 상대방의 오른발을 넘어간다.

04 ▶ 오른발을 상대방의 골반에 붙인 후 무릎을 복부에 올려준다.

05 ▶ 엉덩이를 낮추며 왼손으로 상대방의 오른팔을 끌어 당겨준다.

Butterfly Guard Pass ❶

버터플라이 가드 패스 ❶

01 ▸ 상대방이 양발을 다리 사이에 집어넣은 버터플라이 가드 상태

02 ▸ 양손은 매트를 짚은 상태에서 양 무릎을 살짝들어 오른쪽 왼쪽으로 골반을 틀어준다. 오른발을 들어 상대방의 오른쪽 발등을 무릎으로 밀어서 움직이지 못하게 한다.

03 ▸ 왼발을 들어 무릎 안쪽으로 상대방의 오른쪽 무릎을 눌러준다.

04 ▸ 허리를 틀어 오른발도 상대방의 오른쪽 무릎을 넘어와 사이드 포지션을 점유한다.

Butterfly Guard Pass ❷

버터플라이 가드 패스 ❷

Technique 129 — Top Position

01 ▶ 상대방이 양발을 다리 사이에 집어넣고, 오른손으로 겨드랑이 안을 파고 있는 버터플라이 가드 상태.

02 ▶ 자신의 머리를 상대편 왼쪽 겨드랑이 옆에 붙인다.

03 ▶ 머리를 축으로 왼발, 오른발 순으로 점프하며 공중에서 허리를 틀어준다.

04 ▶ 상대방의 어깨 방향으로 떨어진 다음 왼손은 목을 파고 사이드 마운트를 점유한다.

Technique 130 — Top Position

Shin Slide Pass
신 슬라이드 패스

01 ▶ 상대방이 골반을 받치고 있는 오픈 가드 상태.

02 ▶ 오른손은 상대방의 목깃을 잡고 왼손으로 무릎 안쪽을 눌러 바닥에 붙인 후, 왼발은 상대방의 오른발을 넘어가며 오른쪽 무릎은 상대방의 오른쪽 정강이를 눌러준다.

03 ▶ 왼손은 상대방의 오른팔을 당기고 오른쪽 무릎은 상대방의 정강이를 눌러주며 슬라이딩하여 발을 빼낸다.

04 ▶ 왼손으로 상대의 오른팔을 끌어올리며 사이드 포지션을 점유한다.

Long Step Pass

롱 스탭 패스

Technique
131
Top Position

01 ▶ 상대방이 골반을 받치고 있는 오픈 가드 상태.

02 ▶ 왼손으로 상대방의 무릎 안쪽을 잡고, 왼쪽 정강이로 상대방의 오른쪽 무릎 뒤쪽에 붙여 눌러준다.

03 ▶ 왼손은 바닥을 짚고, 상체를 낮추며 왼쪽 정강이로 상대방의 오른쪽 다리를 눌러 준다.

04 ▶ 허리를 틀며 오른발을 회전시켜 상대방의 오른발을 넘어간다.

05 ▶ 바지를 잡은 오른손은 아래로 내려준다.

06 ▶ 오른손은 눌러준 상태로 엉덩이를 들고 상대방의 다리 사이에 오른발 무릎을 넣어준다.

07 ▶ 오른손으로 상대방의 다리를 옆으로 밀어주며 왼발을 반대쪽으로 넘겨 바닥을 짚고, 오른발은 뒤로 빼낸다.

08 ▶ 오른손은 상대방의 목을 파고 사이드 포지션을 점유한다.

Technique 132 — Top Position
Knee Cut to Leg Drag
니컷에서 레그 드래그

01 ▶ 상대방이 골반을 받치고 있는 오픈 가드 상태.

02 ▶ 오른손으로 상대방의 목깃을 잡고 왼손으로 무릎 안쪽을 누르며, 왼발은 상대방의 오른발을 넘어간다.

03 ▶ 왼손으로 상대방의 오른쪽 다리를 왼쪽으로 밀어준다.

04 ▶ 오른쪽 다리를 뒤로 차올리고 상대방의 오른쪽 다리를 밀어준다. 상대방의 양 무릎 뒤쪽에 오른발을 붙여 레그 드래그를 만든다.

Photo 02 to 04 Another Angle

(사진 02-04 다른 각도 참조)

05 ▶ 왼손으로 상대방의 겨드랑이를 파고 체중으로 압박한다.

06 ▶ 왼쪽 무릎은 겨드랑이, 오른쪽 무릎은 골반에 붙이고 사이드 포지션을 점유한다.

Leg Drag to Knee Slide Pass

래그 드래그에서 니 슬라이드 패스

Technique 133
Top Position

01 ▶ 오른손으로 상대방의 목깃을 잡고 상대방의 오른쪽 다리를 왼손으로 잡아 오른쪽 팔꿈치와 오른쪽 무릎 사이에 상대방의 다리를 묶어둔 레그 드래그 상태.

02 ▶ 왼손은 상대방의 오른발을 내리고 오른쪽 정강이로 상대방 오른쪽 무릎 뒤쪽을 눌러준다.

03 ▶ 양손은 바닥을 짚고 엉덩이를 들어준다.

04 ▶ 왼쪽 무릎은 상대방의 왼쪽 골반 옆에 붙여준다.

05 ▶ 오른손으로 상대방의 왼팔을 당기며 왼쪽 무릎은 상대방의 허벅지를 눌러주고 슬라이딩하여 발을 빼낸다.

Photo 02 to 05 Another Angle

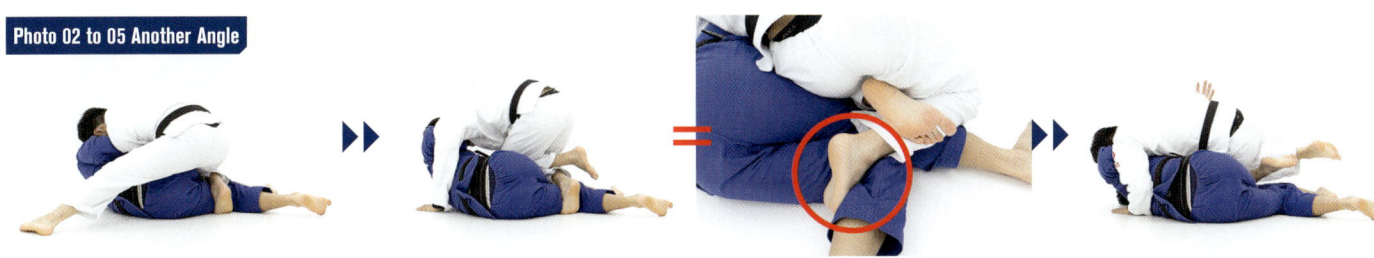

사진 02-05 다른 각도

06 ▶ 오른손은 상대방의 왼팔을 위로 잡아당기며 오른쪽 무릎을 어깨에 붙인다.

07 ▶ 오른손은 목을 파고 왼손으로 겨드랑이를 파서 사이드 포지션을 점유한다.

Knee Cut to Long Step Pass

니컷에서 롱 스탭 패스

01 ▶ 오른손은 상대방의 목깃을 잡고 왼손은 상대방의 오른쪽 바지를 잡아 준 상태.

02 ▶ 오른발 왼발 순서로 왼쪽으로 이동하며 상대방의 오른쪽 다리를 내려 준다.

03 ▶ 상대방이 오른발을 들어 방어하려고 할 때, 오른쪽 무릎으로 상대방의 왼쪽 무릎 뒤쪽을 누르며 오른손으로 상대방의 목을 판다.

04 ▶ 바지를 잡은 왼손은 다리를 밀며 왼발을 회전시켜 바닥을 짚고, 오른발을 빼낸다. 오른쪽 무릎을 어깨에 붙이며 사이드 포지션을 점유한다.

Spider Guard Pass ❶

스파이더 가드 패스 ❶

Technique 135
Top Position

01▶ 상대방이 양소매를 잡고 양발로 팔꿈치 안쪽을 밟고 있는 스파이더 가드 상태.

02▶ 양손으로 상대방의 바지 뒤쪽을 잡고 앞으로 한걸음 나가며, 양팔을 모아 상대방의 다리를 붙여준다.

03▶ 아랫배를 앞으로 내밀며 자신의 양쪽 무릎으로 상대방의 허벅지를 조여준다.

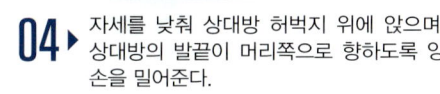

04▶ 자세를 낮춰 상대방 허벅지 위에 앉으며, 상대방의 발끝이 머리쪽으로 향하도록 양손을 밀어준다.

05▶ 상대방의 양발을 오른쪽으로 보내며, 왼쪽 무릎을 꿇는다.

06▶ 왼손으로 상대방의 목을 파고 사이드 포지션을 점유한다.

Spider Guard Pass ❷

스파이더 가드 패스 ❷

01 ▶ 상대방이 양소매를 잡고 양발로 팔꿈치 안쪽을 밟고 있는 스파이더 가드 상태.

02 ▶ 양손으로 상대방의 바지 위쪽을 잡고 뒤로 물러나며, 양팔을 모아 상대방의 다리를 붙여준다.

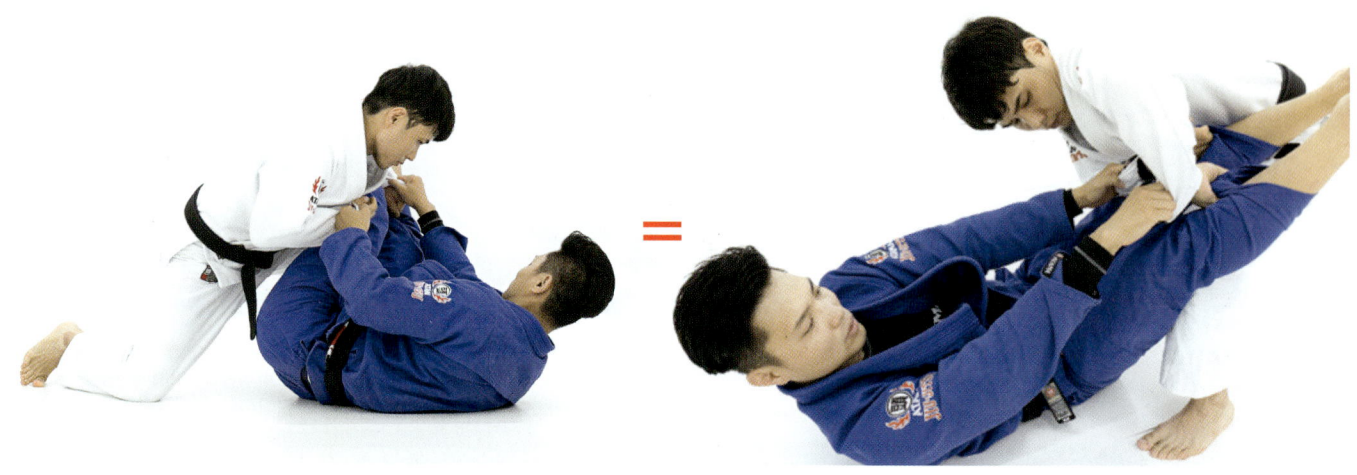

03 ▶ 상대방의 양발을 자신의 왼쪽으로 보내며, 오른쪽 무릎을 꿇는다.

04 ▶ 오른손으로 상대방의 목을 파고 뒷걸음질하며 사이드 포지션을 점유한다.

Spider Guard Pass ❸

스파이더 가드 패스 ❸

Technique
137
Top Position

01 ▶ 상대방이 양손으로 소매를 잡고 오른발은 팔꿈치 안쪽을 받치고, 왼발은 자신의 오른발 바깥에서 안으로 왼쪽 발등을 건 데라히바-스파이더 가드 상태.

 ▶▶

02 ▶ 왼발은 상대방의 골반 옆으로 이동하여 무릎으로 상대방의 오른쪽 다리를 안으로 밀어준다. 자신의 왼팔을 펴고 상체를 시계 방향으로 틀어준다.

 ▶▶

03 ▶ 왼손은 상대방의 다리를 반대쪽으로 밀어주고, 상체로 압박한다. 왼손은 다리를 놓고 상대방의 목을 파서 사이드 포지션을 점유한다.

Technique 138 — Top Position

Spider Guard Pass ④

스파이더 가드 패스 ④

01 ▶ 상대방이 왼손은 소매를 잡고 왼발로 팔꿈치 안쪽을 받치고 있는 오픈 가드 상태.

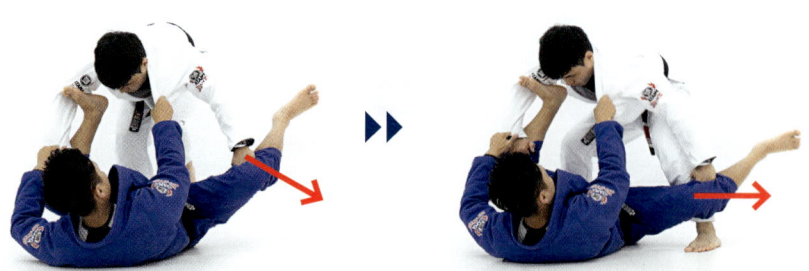

02 ▶ 오른손은 상대방의 바지 위쪽을 잡고, 왼손은 상대방의 무릎을 잡아 바깥으로 밀어준 뒤, 왼쪽 정강이로 무릎 뒤쪽을 막아준다.

03 ▶ 오른발이 상대방의 오른발을 넘어 골반 옆으로 이동하고, 왼발도 넘어온다.

04 ▶ 오른손은 상대방의 다리를 바깥쪽으로 밀고, 왼손은 상대방의 오른팔을 위로 들어올리며 오른쪽 무릎을 상대방의 복부 위에 올려준다.
(니 온 벨리 포지션)

Spider Guard to Knee Slide Pass

스파이더 가드에서 니 슬라이드 패스

Technique 139
Top Position

01 ▶ 상대방이 왼손은 소매를 잡고 왼발로 팔꿈치 안쪽을 받치고 있는 오픈 가드 상태.

02 ▶ 자세를 낮추며 상대방의 왼쪽 무릎 뒤쪽에 자신의 오른쪽 정강이를 붙인 뒤 허리를 들어준다.

  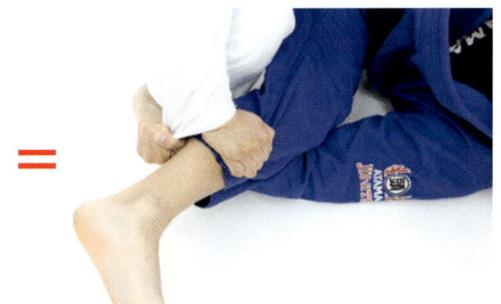

03 ▶ 오른쪽 손목을 돌려 상대방의 왼발을 잡고 바닥으로 눌러준다.

04 ▶ 상대방의 왼쪽 허벅지 위로 자신의 왼쪽 무릎을 올려 압박하고 오른발은 넘어온다.

05 ▶ 오른손으로 상대방의 왼팔을 당기고 왼쪽 무릎은 상대방의 허벅지를 눌러주며 슬라이딩하여 발을 빼낸다. 오른손으로 상대방의 목을 파고 사이드 포지션을 점유한다.

Technique 140 Top Position
Spider Guard to Long Step Pass
스파이더 가드에서 롱 스탭 패스

01 ▶ 상대방의 오픈 가드 상태에서 자세를 낮추며 상대방의 왼쪽 무릎 뒤쪽에 자신의 오른쪽 정강이를 붙인 뒤 앞으로 밀어준 상태.

02 ▶ 오른쪽 무릎이 상대방의 왼쪽 다리를 타고 넘어와 무릎과 발등 사이에 상대방의 왼쪽 다리를 가둔다.

03 ▶ 오른손은 상대방의 목을 파고, 상대방의 바지를 잡은 왼손은 내려주며 상체를 틀어 왼발을 돌려 빼낸다.

04 ▶ 사이드 포지션을 점유한다.

Spider Guard to X Pass
스파이더 가드에서 엑스 패스

Technique
141
Top Position

01 ▶ 상대방의 오픈 가드 상태에서 자세를 낮추며 상대방의 왼쪽 무릎 뒤쪽에 자신의 오른쪽 정강이로 밀어주며 오른쪽으로 패스를 시도하는 상태.

02 ▶ 상대방이 방어하려 할 때, 반대쪽으로 왼발을 뒤로 크게 차올린다.

03 ▶ 왼발이 상대방의 오른발을 넘어가며, 오른손으로 상대방의 왼쪽 다리를 밀어준다. 상대방의 오른쪽 다리를 잡은 왼손은 아래로 내리며 오른발도 넘어온다.

04 ▶ 양손은 밀어주고 왼쪽 어깨는 상대방을 압박한다.

05 ▶ 오른쪽 무릎은 꿇고 왼손으로 상대방의 목을 파서 상대방의 사이드 포지션을 점유한다.

Spider Guard to Leg Drag Pass
스파이더 가드에서 레그 드래그 패스

01 ▸ 상대방이 왼손은 소매를 잡고 왼발로 팔꿈치 안쪽을 받치고 있는 오픈 가드 상태.

02 ▸ 오른손은 상대방의 바지를 잡고 왼손은 상대방의 무릎 안쪽을 잡고 뒤로 물러난다.

03 ▸ 왼손은 놓으며 왼발로 상대방의 왼쪽 무릎 뒤쪽을 밟고, 오른손으로 상대방의 왼쪽 다리를 왼쪽 골반 옆으로 밀어준다.

04 ▸ 왼손은 상대방의 골반 옆을 짚고 오른쪽 무릎은 꿇는다. 오른손은 상대방의 목을 파고 왼손으로 겨드랑이를 파며 사이드 포지션을 점유한다.

Lasso Guard Pass ❶

라쏘 가드 패스 ❶

Technique 143
Top Position

01 ▶ 상대방이 왼손으로 소매를 잡고 왼발을 밖에서 안으로 걸어 라쏘 가드를 만든 상황

02 ▶ 뒤로 물러나며 오른쪽 무릎을 상대방의 왼발 발바닥에 붙여 아랫배를 앞으로 내밀어준다.

03 ▶ 무릎으로 상대방의 왼쪽 발목을 몸쪽으로 밀어준다.

04 ▶ 오른팔을 돌려 팔꿈치로 상대방의 정강이를 눌러준다.

05 ▶ 왼손은 상대방의 발목을 잡고 오른쪽 어깨로 상대방의 왼쪽 무릎에 체중을 실어준다. 오른손은 상대방의 왼손 그립을 뜯어낸다.

06 ▶ 오른손은 목을 파고 왼손은 겨드랑이를 파서 사이드 포지션을 점유한다.

Technique 144 — Top Position
Lasso Guard to Folding Pass
라쏘 가드에서 폴딩 패스

01 ▶ 상대방이 왼손으로 소매를 잡고 왼발을 밖에서 안으로 걸어 라쏘 가드를 만든 상황

02 ▶ 왼발로 상대방의 오른쪽 무릎 안쪽을 밟고 왼손은 상대방의 왼발 뒤꿈치를 잡는다.

03 ▶ 상대방의 왼발을 자신의 왼쪽 골반 옆으로 당기며 자세를 낮춘다.

04 ▶ 왼손으로 상대방의 오른쪽 목깃을 깊게 잡는다.

05 ▶ 왼쪽 무릎은 상대방의 다리 사이에 넣어주고, 왼팔은 상대방의 목을 감싸 압박한다.

06 ▶ 왼쪽으로 엉덩이를 틀며 오른발을 반대쪽으로 빼낸다.

07 ▶ 오른손은 겨드랑이를 파고 왼쪽 무릎은 상대방의 겨드랑이에 붙이며 사이드 포지션을 점유한다.

Lasso Guard to Shin Slide Pass

라쏘 가드에서 신 슬라이드 패스

Technique 145 — Top Position

01 ▶ 상대방이 왼손으로 소매를 잡고 왼발을 밖에서 안으로 걸어 라쏘 가드를 만든 상황

02 ▶ 오른손은 상대방의 벨트나 바지를 잡고 왼손은 상대방의 무릎 안쪽을 잡아 다리를 뒤로 뻗으며, 허리를 화살표 방향으로 틀어 오른쪽 어깨로 상대방의 무릎 뒤쪽에 체중을 실어준다.

03 ▶ 오른쪽 무릎과 발등 사이에 상대방의 오른발을 가둬준다.

04 ▶ 왼손은 상대방의 목을 감싸 압박한다.

05 왼쪽으로 엉덩이를 틀며 오른발을 반대쪽으로 빼낸다. 오른손은 다리를 잡은 상태로 왼쪽 무릎은 상대방의 겨드랑이에 붙이고 사이드 포지션을 점유한다.

Lasso Guard Pass ❷
라쏘 가드 패스 ❷

01 ▶ 상대방이 왼손으로 소매를 잡고 왼발을 밖에서 안으로 걸어 라쏘 가드를 만든 상황

02 ▶ 라쏘가 걸려 있는 오른쪽 방향으로 이동하며 상체를 틀어 상대방의 왼쪽 발목이 빠져나오게 한다.

03 ▶ 아랫배를 앞으로 내밀며 오른쪽 허벅지로 상대방의 왼쪽 무릎을 눌러 상대방의 발을 빼낸다.

04 ▶ 왼손으로 상대방의 발목을 잡고 눌러준다.

05 ▶ 상대방의 왼쪽 골반 방향으로 이동하며 몸을 틀어준다.

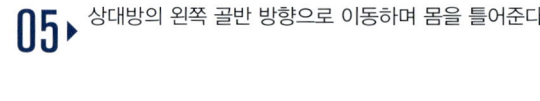

06 ▶ 왼손과 왼발 무릎으로 상대방의 왼발을 누르면서 오른손을 빼낸다.

07 ▶ 오른손은 상대방의 목깃을 잡고 왼쪽 무릎으로 상대방의 복부에 체중을 실어준다.(니 온 밸리 포지션)

X Guard Pass ❶

엑스 가드 패스 ❶

Technique 147 — Top Position

01▶ 상대방의 엑스 가드 상태에서 왼손으로 상대방의 목깃, 오른손으로 상대방의 왼쪽 무릎 안쪽을 잡는다.

02▶ 오른손으로 상대방의 무릎을 눌러주며, 오른쪽 무릎은 상대방의 오른쪽 발목에 붙인다.

03▶ 오른쪽 무릎은 꿇고 몸을 틀어 상대방의 오른쪽 무릎 옆으로 지나간다.

04▶ 왼손은 목을 파고 사이드 포지션을 점유한다.

Photo 02 to 04 Another Angle

사진 02-04 다른 각도

Technique 148 — Top Position
X Guard Pass ❷
엑스 가드 패스 ❷

01 ▶ 상대방의 엑스 가드 상태에서 양손으로 상대방의 오른발 바지를 잡는다.

02 ▶ 아랫배를 앞으로 내밀며 상체를 세워 상대방의 오른발을 위로 당긴다.

 ▶▶  ▶▶

03 ▶ 오른발을 들어 상대방의 오른발 바깥쪽으로 돌려 빼낸다.

 ▶▶

04 오른손은 상대방의 오른발을 눌러주고 왼손은 상대방의 목을 파서 사이드 포지션을 점유한다.

X Guard Pass ❸

엑스 가드 패스 ❸

Technique 149 — Top Position

01 ▶ 상대방의 엑스 가드 상태에서 양손으로 상대방의 오른발 바지를 잡아 아랫배를 앞으로 내밀며 상체를 세워 상대방의 오른발을 위로 당긴 상태.

02 ▶ 오른손으로 상대방의 오른발을 자신의 오른쪽 허벅지 위로 당긴다.

03 ▶ 오른쪽 무릎은 상대방의 다리 사이에 넣어준다.

04 ▶ 왼손은 놓으며 왼발을 상대방의 상체 위로 넘겨준다.

05 ▶ 상대방의 다리 위에 체중을 실어 눌러준 후 오른손으로 상대방의 왼팔을 당기고 슬라이딩하며 발을 빼낸다. 오른손으로 목을 파고 사이드 포지션을 점유한다.

Technique 150 Top Position

X Guard to Long Step Pass ❶

엑스 가드에서 롱 스탭 패스 ❶

01 ▶ 상대방의 엑스 가드 상태에서 오른손은 상대방의 왼발 무릎 안쪽, 왼손은 상대방의 목깃을 잡은 상태.

02 ▶ 왼손은 바닥을 짚고, 오른손은 상대방의 왼쪽 무릎을 밀어주며 오른발을 회전시킨다.

03 ▶ 몸을 틀며 오른발을 빼낸 뒤, 양다리를 상대방의 양다리 위에 올려 압박한다.

04 ▶ 오른손은 상대방의 목을 파고, 상체는 상대방의 왼쪽 어깨 방향으로 틀어 사이드 포지션을 점유한다.

X Guard to Long Step Pass ❷

엑스 가드에서 롱 스탭 패스 ❷

Technique 151 Top Position

01 ▶ 상대방의 엑스 가드 상태에서 오른손은 상대방의 왼발 무릎 안쪽, 왼손은 상대방의 목깃을 잡은 상태.

02 ▶ 왼손은 상대방의 왼쪽 어깨 위를 짚는다.

03 왼쪽 무릎은 상대방의 골반에 붙이고 상대방의 오른쪽으로 자신의 오른발을 뒤로 넘긴다.

04 ▶ 오른손은 상대방의 무릎을 밀어주며 사이드 포지션을 점유한다.

Technique 152 — Top Position: Taking Back from X-Guard
엑스 가드에서 백마운트 점유하기

01 ▶ 상대방의 엑스 가드 상태에서 왼손은 상대방의 오른발 무릎 바깥쪽을 잡은 상태.

02 ▶ 오른손은 상대방의 오른쪽 바지를 잡고, 화살표 방향으로 구른다.

03 ▶ 양손은 내려주며 왼발로 상대방의 다리를 아래로 밀어준다. 왼손으로 상대방의 허리쪽 바지를 잡는다.

04 ▶ 상대방을 당기며 오른손은 목을 파고 왼손으로 겨드랑이를 파서 상대방의 백마운트를 점유한다.

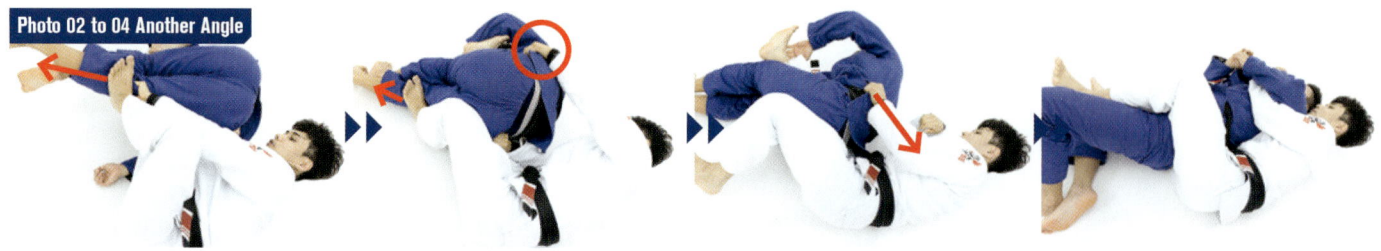

사진 02-04 다른 각도

Half Guard Pass ❶

하프 가드 패스 ❶

Technique **153** Top Position

01 ▶ 왼손은 목을 파고 오른손으로 겨드랑이를 판 하프 가드 상태.

02 ▶ 자신의 왼쪽 어깨에 체중을 실어 상대방을 압박하며, 오른손으로 상대방의 왼발 무릎 안쪽을 잡고 엉덩이를 틀어 바닥에 붙인다.

03 ▶ 왼쪽 무릎으로 상대방의 오른쪽 무릎을 밀어주고 오른손은 상대방의 무릎을 당겨 자신의 오른발을 빼낸다. 오른손은 상대방의 무릎을 바꿔 잡고 왼손은 목을 파서 사이드 포지션을 점유한다.

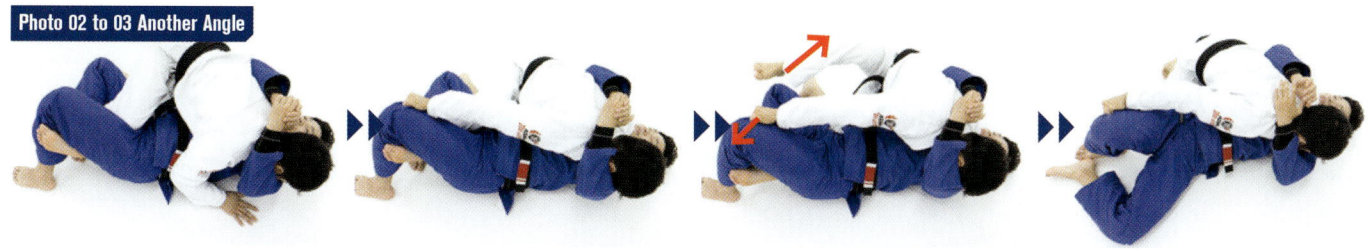

사진 02-03 다른 각도

Half Guard Pass ❷

하프 가드 패스 ❷

01 ▶ 왼손은 목을 파고 오른손으로 겨드랑이를 판 하프 가드 상태.

02 ▶ 엉덩이를 들어 오른발을 세운다.

03 자신의 왼쪽 어깨에 체중을 실어 상대방을 압박하며, 왼발 발등을 상대방의 오른쪽 허벅지 안쪽에 올려준다.

04 ▶ 왼발로 상대방의 오른쪽 허벅지를 눌러준다.

05 ▶ 오른발을 빼내고 마운트 포지션을 점유한다.

Half Guard to Knee Slide Pass

하프 가드에서 니 슬라이드 패스

Technique 155
Top Position

01 ▶ 왼손은 목을 파고 오른손으로 겨드랑이를 판 하프 가드 상태.

02 ▶ 오른손으로 상대방의 무릎 안쪽을 잡고 밀어주며 오른쪽 무릎을 세운다.

03 ▶ 양손과 양발은 바닥을 짚고 엉덩이를 들어 준다.

04 ▶ 허리를 틀어 오른쪽 무릎을 바닥에 붙인다.

05 ▶ 머리를 상대방의 머리 옆에 붙여 A 방향으로 밀어주며 왼손은 상대방의 오른팔을 당긴다.

사진 05 다른 각도

06 ▶ 왼발로 상대방의 오른쪽 무릎을 밀며 왼발을 빼낸다.

07 ▶ 왼손은 목을 파고 왼쪽 무릎은 상대방의 겨드랑이에 붙여 사이드 포지션을 점유한다.

Half Guard to Revese Half Guard Pass

하프가드에서 리버스 하프가드로 전환 후 패스

01 ▶ 155번 테크닉으로 하프 가드 패스 중, 머리를 상대방의 머리 옆에 붙여 밀어주며 왼손으로 상대방의 오른팔을 당기는 상황.

02 ▶ 오른발이 빠지지 않는 경우, 자신의 오른쪽 어깨에 체중을 실어 상대방을 압박하며 왼발을 반대쪽으로 넘겨준다.

03 ▶ 왼손으로 상대방의 오른쪽 무릎 안쪽을 잡고 엉덩이를 뒤로 빼서 상대방의 겨드랑이에 붙여준다.

04 ▶ 왼손은 밀어주고 왼발은 상대방의 왼발 무릎을 밀어 오른발을 화살표 방향으로 빼낸다.

05 ▶ 오른쪽 무릎을 상대방의 겨드랑이에 붙이며 사이드 포지션을 점유한다.

Taking Back Mount from Revese Half Guard

리버스 하프가드에서 백마운트 점유하기

Technique 157
Top Position

01 ▶ 155번 테크닉으로 하프 가드 패스 중, 오른발이 빠지지 않아 자신의 오른쪽 어깨에 체중을 실어 상대방을 압박하며 왼발을 반대쪽으로 넘겨준 상황.

02 ▶ 왼손은 상대방의 무릎 바깥쪽, 오른손은 상대방의 골반 옆 바지를 잡는다.

03 ▶ 화살표 방향으로 회전하며 몸을 굴려준다.

04 ▶ 오른발과 양손으로 상대방의 오른발을 아래로 밀어준다.

05 ▶ 엉덩이를 바깥으로 틀어주며 왼손으로 상대방의 허리를 잡아 끌어당긴다.

06 ▶ 오른손은 목을 파고 왼손은 겨드랑이를 파서 상대방의 백마운트를 점유한다.

Photo 04 to 05 Another Angle

사진 04-05 다른 각도

Leg Weave Pass
래그 위브 패스

01 ▸ 상대방이 왼쪽 무릎으로 가슴을 막고 있는 니실드 하프 가드 상태.

02 ▸ 오른손은 상대방의 왼발 무릎 뒤쪽을 지나 오른발 허벅지쪽 바지를 잡고, 오른쪽 어깨로 상대방의 왼발 무릎에 체중을 실어준다.

03 ▸ 왼손은 상대방의 오른쪽 목깃을 잡는다.

04 ▸ 두 다리를 뻗어 압박을 하며 오른쪽 무릎을 접어 안쪽으로 구부린다.

사진 04 다른 각도

05 ▸ 양발을 뻗고 화살표 방향으로 이동하여, 왼손으로 상대방의 목을 파고 사이드 포지션을 점유한다.

Half Guard to Knee Cut Pass

하프 가드에서 니컷 패스

Technique 159 — Top Position

01 ▶ 상대방이 왼쪽 무릎으로 가슴을 막고 있는 니실드 하프 가드 상태.

02 ▶ 오른손으로 상대방의 골반을 눌러주고 왼손으로 상대방의 오른발 무릎 바깥쪽을 잡고 일어나며 상대방의 양발을 세운다.

03 상대방의 두 다리 사이로 오른쪽 무릎을 집어넣으며 바닥에 붙인다.

04 ▶ 왼손으로 상대방의 오른손을 끌어당긴다.

05 ▶ 상대방의 오른쪽으로 슬라이딩하여 자신의 오른발이 빠지면 왼손은 목을 파고 사이드 포지션을 점유한다.

Technique 160 Top Position

Smash Pass
스매쉬 패스

01 ▶ 상대방이 오른발을 자신의 오른발 안쪽에 감고 있는 상황.

02 ▶ 오른손은 바닥을 짚으며, 골반을 오른쪽으로 틀어준다.

 ▶▶

03 ▶ 왼쪽 무릎을 상대방의 다리 사이로 넣으며 엉덩이를 상대방의 오른쪽 골반 위에 올려 체중을 실어준다.

 ▶▶

04 ▶ 오른손은 상대방의 왼팔 팔꿈치를 당기며, 오른쪽 무릎을 상대방의 왼쪽 골반에 붙여준다. 왼발은 상대방의 다리를 넘어가서 마운트 포지션을 점유한다.

Deep Half Guard Pass

딥 하프 가드 패스

Technique 161 — Top Position

01 ▶ 상대방이 딥 하프 가드를 만들어 양발로 자신의 오른발을 잡고 있는 상황.

02 ▶ 왼손은 상대방의 어깨 옆을 짚고, 왼발은 상대의 머리 위로 회전하여 넘어온다.

03 ▶ 엉덩이를 상대방의 왼쪽 겨드랑이 옆에 붙인다.

04 ▶ 왼손은 상대방의 오른쪽 무릎 바깥쪽을 잡고 왼발은 상대방의 왼발 무릎 위를 밟아준다.

05 ▶ 왼손은 당기고 왼발은 밀면서 상대방의 다리 사이에 있는 오른발을 빼낸다.

06 ▶ 오른손으로 목을 파며 사이드 포지션을 점유한다.

Technique 162 — Top Position

Leg Drag Pass
래그 드래그 패스

01 ▶ 상대방이 왼발을 자신의 오른쪽 다리 바깥에서 안으로 발등을 걸고 있는 데라히바 가드 상태.

02 ▶ 오른손은 상대방의 벨트, 왼손은 상대방의 오른쪽 바지 끝을 잡는다. 오른쪽 무릎을 피며 뒤꿈치는 붙이고 앞꿈치를 들며 오른쪽으로 틀어준다. 상대방의 발목이 빠지면 무릎을 구부려준다.

03 ▶ 왼손은 상대방의 바지를 골반 옆으로 밀고, 자세를 낮춰 오른손으로 상대방의 왼쪽 목깃을 깊게 잡는다. 오른쪽 팔꿈치와 오른쪽 무릎을 붙여 상대방의 오른발을 가두는 레그 드래그 자세를 만든다.

04 ▶ 왼손은 상대방의 목을 파며 체중을 실어 사이드 포지션을 점유한다.

Collar and Sleeve Guard to Long Step Pass

칼라 앤드 슬리브에서 롱 스탭 패스

Technique 163 — Top Position

01 ▶ 상대방의 데라히바 가드를 풀고, 오른발 정강이로 상대방의 왼발 무릎 뒤쪽을 눌러준 상황.

02 ▶ 오른손은 상대방의 왼쪽 무릎, 왼손은 오른쪽 무릎 뒤쪽을 잡아 바닥으로 밀며 상대방의 다리를 크게 벌려준다.

03 ▶ 상대방의 왼발을 오른발 정강이로 눌러주며, 오른손으로 상대방의 목을 판다.

04 ▶ 허리를 틀어 왼발을 밖으로 빼내고, 오른쪽 무릎을 상대방의 어깨에 붙이며 사이드 포지션을 점유한다.

De la Riva - Spider Guard to Leg Drag Pass

데라히바 스파이더 가드에서 래그 드래그 패스

Technique 164 Top Position

01 ▶ 상대방이 왼발을 자신의 오른쪽 다리 바깥에서 안으로 발등을 걸고, 오른손으로 소매를 잡고 오른발로 팔꿈치 안쪽을 받치고 있는 데라히바-스파이더 상태.

02 ▶ 왼발을 뒤로 빼며 머리를 상대방의 오른쪽 무릎 아래로 집어 넣으며, 왼발 무릎을 대각선 앞으로 보내준다. (자신의 오른발 방향-사진 03 참고)

03 ▶ 몸을 옆으로 눕히며 왼손으로 상대방의 오른쪽 목깃을 잡으며, 오른쪽 무릎을 상대방의 오른발 무릎 뒤쪽에 붙여준다.

Photo 03 Another Angle

사진 03 다른 각도

04 ▶ 오른발로 상대방의 왼발 무릎 뒤쪽을 차올린다.

05 ▶ 왼손은 끌어당기며 오른쪽 무릎을 세우고 왼발 무릎은 골반에 받쳐준다.

06 ▶ 왼손으로 목을 파며 체중을 실어 사이드 포지션을 점유한다.

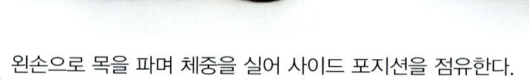

Reverse De la Riva Pass

리버스 데라히바 패스

Technique 165 — Top Position

01 ▶ 상대방의 오른발이 자신의 오른쪽 무릎 안쪽에 발등을 걸고 있는 리버스 데라히바 가드 상태.

02 ▶ 오른손은 상대방의 왼쪽 무릎 안쪽을 잡고 왼손은 상대방의 목깃을 잡는다.

03 ▶ 왼쪽 무릎 안쪽으로 상대방의 오른발 무릎 바깥을 안으로 밀어주며 엉덩이를 바닥에 붙인다. 오른발을 크게 회전시켜 상대방의 오른발을 넘어온다.

04 ▶ 왼쪽 무릎은 상대방의 겨드랑이에 붙이며 사이드 포지션을 점유한다.

Technique 166 Top Position

Sitting Guard Pass ❶
시팅 가드 패스 ❶

01 ▸ 상대방이 앉아 있는 시팅가드에서 왼손으로 자신의 오른쪽 다리를 잡고 있는 상태.

02 ▸ 오른손은 상대방의 목깃을 잡고 오른쪽 무릎으로 상대방의 가슴을 밀어준다.

03 ▸ 오른발을 접어 밖으로 돌려주며 상대방의 복부에 체중을 실어준다.

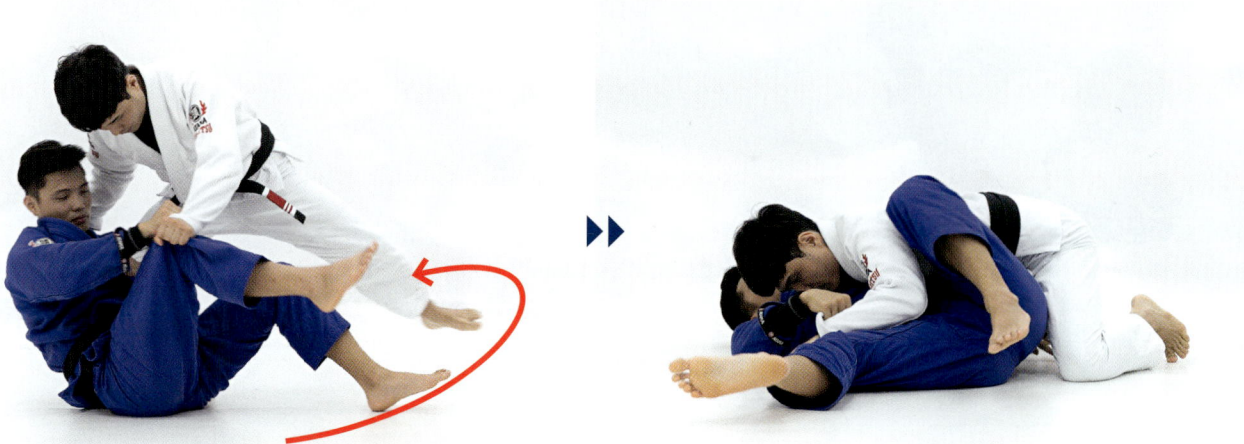

04 ▸ 왼발도 화살표 방향으로 돌려주며 오른손은 목을 파고 왼손은 다리를 잡아주며 사이드 포지션을 점유한다.

Sitting Guard Pass ❷

시팅 가드 패스 ❷

Technique 167 — Top Position

01 ▶ 상대방이 앉아 있는 시팅가드에서 왼손으로 자신의 오른쪽 다리를 잡고 있는 상태. 왼손은 상대방의 오른팔 소매를 잡는다.

02 ▶ 오른발을 접어 상대방의 오른쪽 골반 옆으로 빼낸다.

03 ▶ 왼발은 상대방의 어깨 옆으로 크게 이동하고, 오른쪽 무릎은 상대방의 복부에 체중을 실어 니 온 벨리를 만든다.

Technique 168 Top Position
Knee On Belly Transitions ❶
니 온 벨리 전환 ❶

01 ▶ 오른발 무릎은 상대방의 복부에 체중을 실어주고, 왼손으로 목깃을 잡은 니 온 벨리 상태.

02 ▶ 오른손은 상대방의 왼쪽 어깨 위쪽을 짚고, 왼발 무릎은 상대방의 골반에 붙여주며 자동차 와이퍼가 움직이듯이 오른쪽으로 회전시킨다.

Photo 02 Another Angle

사진 02의 다른 각도.

03 ▶ 왼발 무릎은 상대방의 복부에 체중을 실어주고 오른발을 뻗어서 반대쪽 니 온 벨리를 만든다.

Knee On Belly Transitions ❷

니 온 벨리 전환 ❷

Technique 169
Top Position

01 ▶ 오른발 무릎은 상대방의 복부에 체중을 실어주고, 왼손으로 목깃을 잡은 니 온 벨리 상태에서 상대방이 엉덩이를 틀어 방어할 때,

02 ▶ 자신의 오른쪽 무릎이 바닥에 닿으면 왼발을 상대방의 머리 위로 넘긴다.

03 ▶ 왼발 무릎은 상대방의 머리 옆에 꿇고, 왼손은 상대방의 골반 옆을 짚는다.

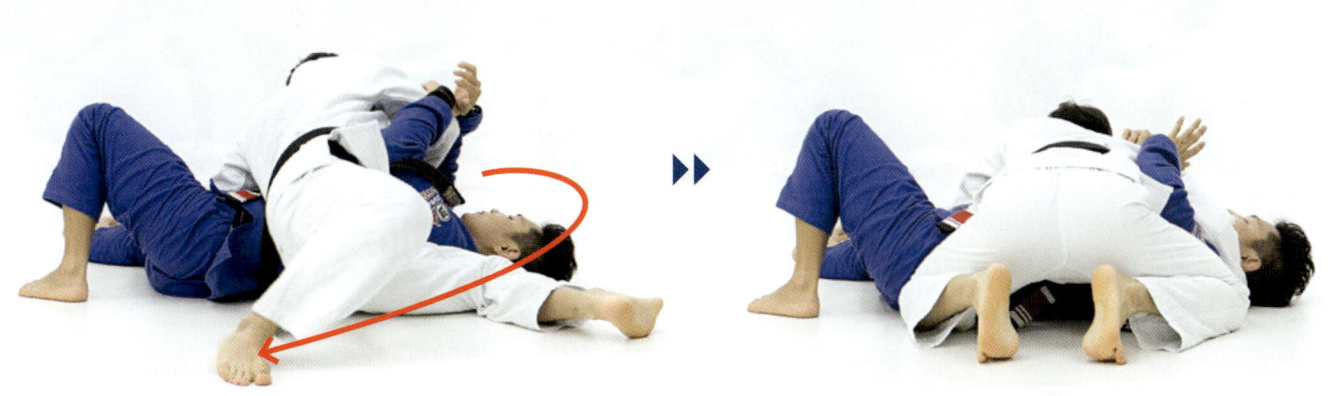

04 ▶ 오른발을 화살표 방향으로 돌려 반대쪽으로 이동하며 오른손으로 목을 파고 사이드 포지션을 점유한다.

Technique 170 Top Position

Berimbolo from Top Position
탑 포지션에서 베림보로

01 ▶ 상대방이 왼발로 자신의 오른발을 바깥에서 안쪽으로 발등을 걸고 있는 데라히바 가드 상태에서 오른발 무릎을 피며 뒤꿈치는 붙이고 앞꿈치를 들며 오른쪽으로 틀어 상대방의 발목을 빼낸 후, 오른손으로 상대방의 왼발을 아래로 내려준다.

02 ▶ 왼발을 뒤로 회전시키며, 상대방의 왼발 발등에 자신의 왼발 발등을 걸어준다.

03 ▶ 오른손은 상대방의 허리, 왼손은 바지를 잡고, 양발 사이에 상대방의 왼발을 고정시킨 상태로 앞구르기를 하여 상대방의 엉덩이 방향으로 회전한다.

04 ▶ 양손은 아래로 내려 상대방의 엉덩이가 들리면 상대방의 오른발 무릎 뒤쪽에 자신의 왼발 정강이를 붙인다.

05 ▶ 왼손은 내리고 왼발 무릎을 밖으로 벌려 상대방의 등이 노출되면, 오른손으로 목을 파고 왼손으로 겨드랑이를 파서 상대방의 백마운트를 점유한다.

Double Under Pass to Back

더블 언더 패스로 백마운트 점유하기

Technique 171 — Top Position

01 ▶ 클로즈 가드를 빠져나와 오른쪽 정강이로 허벅지 안쪽을 밀어준 상황.

02 ▶ 양팔은 상대방의 다리 안쪽으로 넣어 무릎 뒤쪽을 지나 바지를 잡고 일어선다.

03 ▶ 상체는 세우고 양손으로 들어올려 엉덩이가 들리면, 상대방의 오른쪽 어깨 방향으로 눌러 뒤로 구르게 만든다.

04 ▶ 오른발은 상대방의 오른쪽 허리 옆에 붙이고, 왼발은 상대방의 머리 방향으로 회전하여 허리 위치까지 이동한다.

05 ▶ 양발은 허벅지에 걸며 오른손은 목을 파고 왼손은 겨드랑이를 파서 백마운트를 점유하며 오른쪽 어깨방향으로 넘어진다.

Technique 172 — Top Position

Helicopter Choke
헬리콥터 초크

02 ▶ 왼손은 상대방의 목깃을 깊게 잡고 엉덩이를 들며 자신의 오른발을 상대방의 머리와 왼손 사이로 넣는다.

03 ▶ 오른손은 상대방의 오른쪽 겨드랑이 사이로 넣어 오른팔 손목을 잡고 왼쪽 어깨 방향으로 구른다.

04 ▶ 등이 바닥에 닿으면 왼손은 당기고 오른발은 내려 초크를 시도한다.

Loop Choke from Sprawl

스프롤 상태에서 루프 초크

Technique **173** Top Position

01 ▸ 상대방이 웅크리고 있는 터틀 포지션에서 상대방의 어깨에 가슴을 올리고 체중을 실은 스프롤 상태.

02 ▸ 오른손은 상대방의 목깃을 잡고 왼손은 상대방의 오른쪽 겨드랑이를 지나 상대방의 후두부에 붙여준다.

03 ▸ 상대방의 오른쪽 어깨방향으로 회전하며 등을 바닥에 붙인다.

04 ▸ 오른손은 당기고 왼손은 상대방의 후두부에 붙여준다. 자신의 가슴으로 상대방의 후두부를 눌러주며 양발은 상대방의 다리방향으로 걸어가 루프 초크를 시도한다.

Technique 174 — Top Position

Anaconda Choke
아나콘다 초크

01 ▶ 상대방이 웅크리고 있는 터틀 포지션에서 상대방의 어깨에 가슴을 올리고 체중을 실은 스프롤 상태.

02 ▶ 오른손은 상대방의 턱 밑을 지나 오른쪽 겨드랑이를 잡고 왼손으로 상대방의 오른팔을 잡아 당겨준다. 상체를 왼쪽으로 틀며 오른손을 겨드랑이 밖으로 빼내고 양손을 맞잡는다.

03 ▶ 오른손은 왼팔 팔꿈치 안쪽을 잡고, 왼손은 상대방의 등에 붙인다. (리어 네이키드 그립)

04 ▶ 상대방의 오른쪽 어깨방향으로 회전하며 등을 바닥에 붙인다.

05 ▶ 양팔은 조이며 자신의 가슴으로 상대방의 후두부를 눌러주고, 양발은 상대방의 다리방향으로 걸어가 아나콘다 초크를 시도한다. (양발로 상대방의 양발을 걸어도 된다.)

Darce Choke
다스 초크

Technique **175** Top Position

01 ▸ 상대방이 웅크리고 있는 터틀 포지션에서 상대방의 어깨에 가슴을 올리고 체중을 실은 스프롤 상태.

02 ▸ 왼쪽 어깨방향으로 누워, 왼손은 상대방의 겨드랑이를 지나 목을 감싸고 목 옆으로 빼낸다.

03 ▸ 왼손은 오른팔 팔꿈치 안쪽을 잡고 오른손은 상대방의 등에 붙인다.

04 ▸ 양팔은 조이며 자신의 가슴으로 상대방의 후두부를 눌러주고, 양발은 상대방의 다리방향으로 걸어가 다스 초크를 시도한다.

Technique 176 — Bottom Position

Clock Choke
클락 초크

01 ▶ 상대방이 웅크리고 있는 터틀 포지션에서 상대방의 등에 가슴을 올리고 체중을 실은 스프롤 상태.

02 ▶ 오른손은 상대방의 오른팔 겨드랑이를 지나 목깃을 잡아 밖으로 열어주고, 왼손은 상대방의 오른쪽 목깃을 깊게 잡는다.

03 ▶ 상체는 상대방의 왼쪽 어깨를 눌러주며 시계방향으로 이동하여 클락 초크를 시도한다.

Brazilian Jiu-Jitsu

CHAPTER 03 →
Escape

Mount Escape ①

마운트 포지션 탈출 ①

01 ▶ 상대방이 자신의 배 위에 올라탄 마운트 포지션 상태에서, 양손으로 상대방의 왼팔 팔꿈치 안쪽을 끌어당긴다.

02 ▶ 상대방의 왼발을 자신의 오른발 뒤꿈치로 걸어준다.

03 ▶ 시선은 오른쪽 어깨 위쪽을 쳐다보고, 오른쪽 어깨 방향으로 허리를 들며 회전한다. (브릿지 동작)

04 ▶ 상대방의 등이 바닥에 닿으면 양손은 벨트를 잡고 상체를 세워준다.

Mount Escape ❷

마운트 포지션 탈출 ❷

Technique 178 — Escape

01 ▶ 상대방이 자신의 배 위에 올라탄 마운트 포지션 상태.

02 ▶ 엉덩이를 옆으로 틀며 양팔로 상대방의 왼발 허벅지를 밀고 공간을 만들어, 오른발을 상대방의 다리 사이로 빼내 발등을 상대방의 무릎 뒤쪽에 걸어준다.

03 ▶ 반대 방향으로 엉덩이를 틀며 상대방의 어깨와 골반을 밀어준다.

04 ▶ 왼발은 밖으로 빼내고 오른발을 상대방의 등 뒤로 올려, 양발로 상대방의 허리를 감고 클로즈 가드를 만든다.

Technique 179 Escape

Mount Escape ❸

마운트 포지션 탈출 ❸

01 ▶ 마운트 포지션 탈출

02 ▶ 상체를 오른쪽으로 틀며 오른손은 상대방의 왼팔 팔꿈치를 막아준다. 왼손은 상대방의 왼발 무릎을 밀어주며, 자신의 왼발 발등으로 상대방의 왼발 발목을 걸어 위로 들어올린다.

03 ▶ 왼발을 들어올린 상태로 오른발을 상대방의 왼발 바깥에서 안으로 걸어 하프 가드를 만든다.

04 ▶ 엉덩이를 왼쪽으로 틀어 왼발을 빼내고 양발로 상대방의 허리를 감아 클로즈 가드를 만든다.

Mount Escape ④

마운트 포지션 탈출 ④

Technique
180
Escape

01 ▶ 상대방이 자신의 배 위에 올라탄 마운트 포지션 상태.

02 ▶ 상체를 오른쪽으로 틀며 오른손은 상대방의 왼팔 팔꿈치를 막아준다. 왼손은 상대방의 왼발 무릎을 밀어주며, 자신의 왼발 뒤꿈치를 상대방의 왼발 발목에 걸어 오른쪽 허벅지 위로 끌어당기며 하프 가드를 만든다.

03 ▶ 양손으로 상대방의 왼발 허벅지를 밀어주며 상체를 반대쪽으로 틀어준다.

04 ▶ 상대방의 허리 위로 오른발을 올려주고, 엉덩이는 왼쪽으로 틀어 왼발을 빼낸다. 양발로 상대방의 허리를 감아 클로즈 가드를 만든다.

Mount Escape ⑤

마운트 포지션 탈출 ⑤

01 ▸ 상대방이 자신의 배 위에 올라탄 마운트 포지션 상태에서 양손으로 상대방의 양소매를 잡는다.

02 ▸ 양손을 상대방의 복부로 밀어 양팔을 복부에 붙여준다

03 ▸ 상대방의 왼발을 자신의 오른발 뒤꿈치로 걸어주고, 시선은 오른쪽 어깨 위쪽을 쳐다보고, 오른쪽 어깨 방향으로 허리를 들며 회전한다. (브릿지 동작) 상대방의 등이 바닥에 닿으면 양손은 벨트를 잡고 상체를 세워준다.

Side Control Escape ❶

사이드 컨트롤 탈출 ❶

Technique
182
Escape

01 ▶ 상대방의 왼손이 목을 파고 오른손은 겨드랑이를 판 사이드 포지션 상태.

02 ▶ 왼손은 상대방의 어깨, 오른손은 골반을 받치고 오른쪽 어깨 방향으로 허리를 들어 상대방을 밀어준다.

03 ▶ 왼발로 바닥을 짚고 엉덩이를 뒤로 빼서 상대방과 거리를 벌린다.

04 ▶ 오른쪽 무릎을 상대방의 골반에 붙인다.

05 ▶ 양손은 상대방의 어깨와 골반을 받쳐주고, 허리를 펴서 상대방을 마주본다. 상대방의 허리 위로 오른발을 올려주고, 엉덩이는 왼쪽으로 틀어 왼발을 빼낸다. 양발로 상대방의 허리를 감아 클로즈 가드를 만든다.

Side Control Escape ❷

사이드 컨트롤 탈출 ❷

01 ▸ 사이드 컨트롤 상황에서 왼손은 상대방의 어깨, 오른손은 골반을 받치고 오른쪽 어깨 방향으로 허리를 들어, 상대방을 밀어주며 왼발로 바닥을 짚고 엉덩이를 뒤로 빼서 상대방과 거리를 벌린 상태.

 =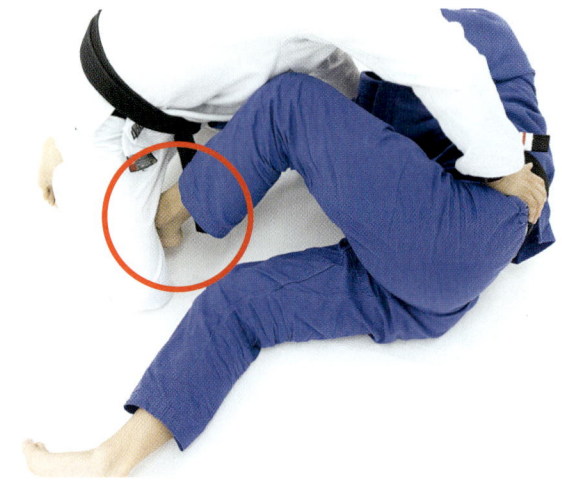

02 ▸ 왼발 발등은 상대방의 오른발 허벅지 안쪽에 걸어준다.

 ▶▶

03 ▸ 오른발 무릎을 상대방의 다리 사이로 넣으며, 엉덩이를 오른쪽으로 틀어 상체를 세운다. 양손은 상대방의 겨드랑이 안을 파고 상대방을 끌어안으며 버터플라이 가드를 만든다.

Side Control Escape ❸

사이드 컨트롤 탈출 ❸

Technique 184
Escape

01 ▶ 사이드 컨트롤 상황에서 왼손은 상대방의 어깨, 오른손은 팔꿈치 안쪽을 받치고, 왼발로 바닥을 짚고 엉덩이를 뒤로 빼서 상대방과 거리를 벌린 상태

02 ▶ 왼팔은 상대방의 겨드랑이를 파서 등을 잡는다.

03 ▶ 왼팔 팔꿈치를 상대방의 머리 방향으로 올려주며, 고개를 숙여 상대방의 오른팔 사이로 자신의 머리를 빼낸다.

04 ▶ 양손은 상대방의 허리를 껴안고 등 뒤를 점유한다.

Side Control Escape ❹

사이드 컨트롤 탈출 ❹

01 ▸ 사이드 컨트롤 상황에서 왼손은 상대방의 어깨, 오른손은 골반을 받치고 오른쪽 어깨 방향으로 상대방을 밀어준 상태.

02 ▸ 오른손을 자신의 왼팔 앞으로 빼내며 옆으로 구른다.

03 ▸ 몸을 웅크리며 터틀 포지션을 만든다.

04 ▸ 왼손은 상대방의 오른쪽 겨드랑이를 파고 들어가서 오른쪽 어깨방향으로 눕는다.

05 ▸ 왼팔 팔꿈치를 상대방의 머리 방향으로 올려주며, 고개를 숙여 상대방의 오른팔 사이로 자신의 머리를 빼낸다.

06 ▸ 양손은 상대방의 허리를 껴안고 등 뒤를 점유한다.

Side Control Escape ⑤

사이드 컨트롤 탈출 ⑤

Technique 186
Escape

01 ▶ 사이드 컨트롤 상황에서 양손은 상대방의 어깨를 받치고 상대방을 밀어준 상태.

02 ▶ 오른팔을 빼내며 왼쪽 어깨 방향으로 구른다.

03 ▶ 왼쪽 어깨를 축으로 회전하며 다리를 벌리고 상대방을 마주본다.

04 ▶ 양발은 허리를 감으며 클로즈 가드를 만든다.

Technique 187 Escape

Half Guard Escape
하프 가드 탈출

01 ▶ 상대방의 오른발이 자신의 오른발에 걸려 있는 하프 가드 상태에서 왼손은 상대방의 어깨, 오른손은 골반에 받친다.

02 ▶ 오른손은 상대방의 왼팔 팔꿈치 안쪽을 받치고 엉덩이를 틀어 공간을 만든다.

03 ▶ 오른발로 상대방의 골반을 받치고 허리를 펴서 상대방을 마주본다. 상대의 어깨와 팔을 잡아당기며 상대방의 허리 위로 왼발을 올려주고, 엉덩이는 오른쪽으로 틀어 오른발을 빼낸다.

04 ▶ 상대방을 마주보고 양발로 허리를 감아 클로즈 가드를 만든다.

Sprawl / Front Headlock Escape

스프롤 / 프론트 헤드락 탈출

Technique 188 Escape

01 ▶ 자신이 웅크리고 있는 터틀 포지션에서 상대방이 가슴으로 체중을 실어주는 상황.

02 ▶ 왼손은 상대방의 다리 사이를 짚고 머리를 오른쪽으로 빼내 상대방의 왼쪽 옆구리에 붙인다. 오른발은 바깥쪽으로 뻗고, 오른손은 상대방의 왼팔을 잡는다.

03 ▶ 왼발을 오른쪽 어깨 방향으로 슬라이딩하며 상대방의 옆으로 빠져 나온다.

04 ▶ 화살표 방향으로 회전하며 상대방의 등 뒤로 올라간다.

Technique 189 Escape

Escape from Turtle Position
터틀 포지션 탈출

01 ▶ 자신이 웅크리고 있는 터틀 포지션에서 상대방이 등에 가슴을 붙이고 체중으로 압박하는 상황.

02 ▶ 겨드랑이를 파고 있는 상대방의 오른팔을 자신의 오른손으로 잡고 팔꿈치를 겨드랑이에 끼운다.

03 ▶ 오른쪽 어깨 방향으로 구른다.

04 ▶ 상대방의 등이 바닥에 닿으면 왼팔 팔꿈치를 겨드랑이에 붙이며 상대방의 골반을 막아 복부에 체중을 실어준다. 오른손으로 상대방의 무릎 바깥쪽을 잡고 엉덩이를 틀며 왼손은 상대방의 목을 파서 사이드 포지션을 점유한다.

Escape from North South ❶

노스 사우스 포지션 탈출 ❶

Technique 190 Escape

01 ▶ 자신의 머리가 상대방의 다리 사이에 위치한 상태에서 압박당하고 있는 노스 사우스 포지션 상황.

02 ▶ 양손으로 상대방의 양 무릎을 받치고 팔을 뻗어 공간을 만든다.

03 ▶ 시계추처럼 몸을 좌우로 흔들며 오른발 발등을 상대방 오른발 허벅지 안쪽에 걸어준다.

04 ▶ 상체가 빠져나오면 왼발도 상대방의 허벅지 안쪽에 넣어 백마운트를 점유한다.

Technique 191 Escape

Escape from North South ❷

노스 사우스 포지션 탈출 ❷

01 ▸ 자신의 머리가 상대방의 다리 사이에 위치한 상태에서 압박당하고 있는 노스 사우스 포지션 상황.

02 ▸ 양손은 상대방의 골반을 받치고 밀면서 공간을 만든다. 왼팔은 상대방의 오른발 골반 방향으로 뻗어주며 엉덩이를 들고 오른쪽 어깨를 축으로 몸을 회전시킨다.

03 ▸ 웅크린 자세로 엎드리며 왼손은 상대방의 오른발 뒤쪽 발목을 잡는다.

04 ▸ 왼손은 상대방의 오른발 발목을 바깥쪽으로 당겨준다.

05 ▸ 오른손으로 상대방의 왼쪽 무릎을 당겨주며, 왼쪽 어깨로 상대방의 복부를 밀어 넘어뜨린다.

06 ▸ 상체로 상대방의 골반을 압박하며 사이드 포지션을 점유한다.

Escape from Back Control ❶

백마운트 컨트롤 탈출 ❶

Technique **192** Escape

01 ▶ 상대방의 오른손은 목을 파고 왼손은 겨드랑이를 파서 백마운트를 점유하고 있는 상황.

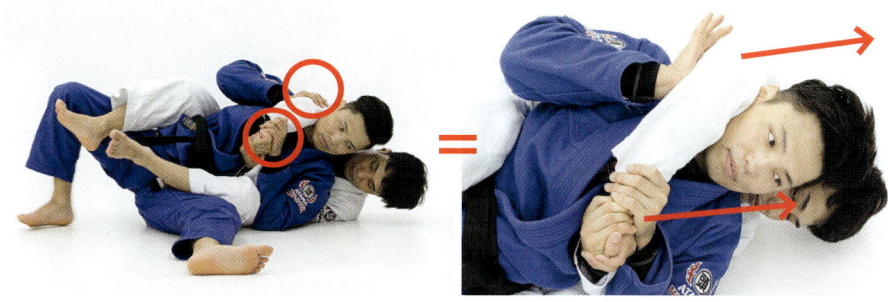

02 ▶ 왼쪽 어깨 방향으로 누워 왼손은 상대방의 오른손 손목을 잡고, 오른손은 상대방의 팔꿈치를 잡고 화살표 방향으로 올려준다.

03 ▶ 양손으로 상대방의 오른팔을 머리 위로 돌려 빼내고, 자신의 머리로 상대방의 오른팔 팔꿈치 위쪽을 눌러준다.

04 ▶ 오른발은 상대방의 오른발 발등에 걸고 오른손은 오른발 뒤꿈치를 잡는다.

05 ▶ 오른발은 풀며 오른손을 뻗어 상대방의 오른발을 빼낸다. 몸을 회전하며 양발은 상대방의 왼발을 넘어온다.

06 ▶ 오른손으로 목을 파서 사이드 포지션을 점유한다.

Technique 193 Escape

Escape from Back Control ❷

백마운트 컨트롤 탈출 ❷

01 ▶ 상대방의 오른손은 목을 파고 왼손은 겨드랑이를 파서 백마운트를 점유하고 있는 상황.

02 ▶ 오른손은 상대방의 오른손 손목을 잡고 아래로 내리며, 왼손은 상대방의 왼발 뒤꿈치를 잡고 바닥으로 내려주며 엉덩이를 상대방의 왼발 위에 깔고 앉는다.

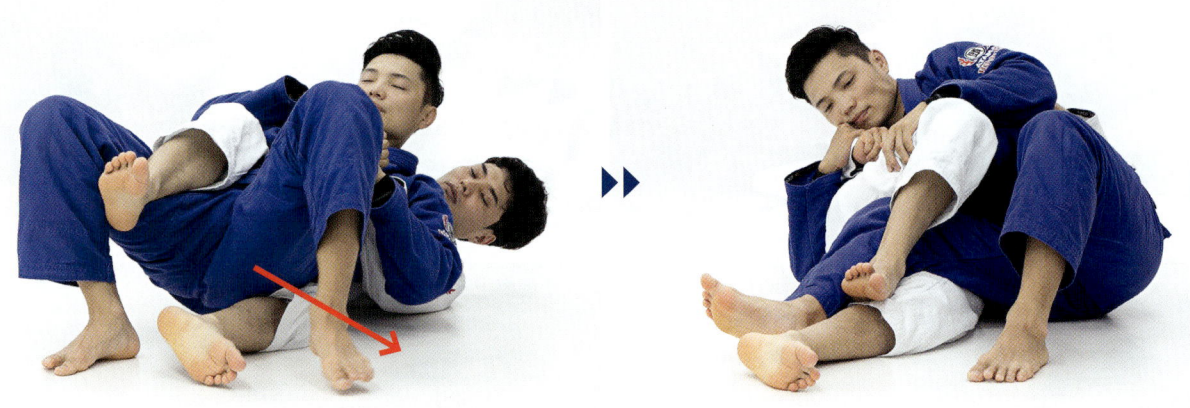

03 ▶ 엉덩이를 상대방의 왼쪽으로 이동하며 상체를 세워 상대방의 복부를 압박한다.

04 ▶ 왼손은 상대방의 무릎을 밀고 엉덩이를 겨드랑이 방향으로 이동하며 오른발을 빼낸다. 오른손은 상대방의 목을 파고 사이드 포지션을 점유한다.

Arm Bar Escape ❶

암바 탈출 ❶

Technique 194 Escape

01 ▶ 상대방이 자신의 오른팔을 잡아 암바를 시도하는 상황.

02 ▶ 오른쪽 귀는 상대방의 허벅지에 붙이고, 오른팔 엄지손가락이 바닥을 향하도록 틀어주며 상대방과 같은 선상이 되도록 이동한다.

03 ▶ 허리를 들며 왼팔은 허리 밑으로 넣고 몸을 회전시키며 엎드린다.

04 ▶ 상대방의 다리를 상체로 압박하며 왼손으로 목을 파서 사이드 포지션을 점유한다.

Arm Bar Escape ❷

암바 탈출 ❷

01 ▶ 상대방이 클로즈 가드에서 자신의 오른팔을 잡아 암바를 시도하는 상황.

02 ▶ 오른손으로 자신의 왼팔 팔꿈치 안쪽을 잡고 왼손으로 상대방의 왼팔을 잡고 체중을 실어준다.

03 ▶ 상체를 숙여 상대방의 엉덩이가 들리면 자신의 오른발 무릎을 상대방의 꼬리뼈에 붙이고 오른팔을 빼낸다. (팔을 한번에 빼내는 것보다 여러 번에 걸쳐 툭툭 털어주는 것이 효과적이다.)

04 ▶ 오른팔을 빼내고 상대방의 목을 판다. 상체로 체중을 실어주며 왼팔을 빼내 사이드 포지션을 점유한다.

Triangle Choke Escape ❶

트라이앵글 초크 탈출 ❶

Technique 196
Escape

01 ▶ 상대방이 트라이앵글 그립을 만들면, 양손으로 상대방의 오른쪽 무릎 안쪽을 잡고 허리를 펴준다.

02 ▶ 상대방이 다리를 차올려 상체가 숙여지는 경우,

03 ▶ 왼손으로 상대방의 왼쪽 목깃을 손등이 위로 향하도록 깊게 잡고 오른손은 상대방의 엉덩이쪽바지를 잡고 들어올리며 화살표 방향으로 상체를 틀어준다.

04 ▶ 트라이앵글 그립이 빠지면 왼손은 목을 파서 사이드 포지션을 점유한다.

Triangle Choke Escape ❷

트라이앵글 초크 탈출 ❷

01 ▸ 상대방이 트라이앵글 그립을 만들면, 양손으로 상대방의 오른발 무릎 안쪽을 잡는다.

02 ▸ 양발을 상대방의 엉덩이에 붙이며 일어선다.

03 ▸ 오른쪽 무릎을 상대방의 꼬리뼈에 붙이며 앉는다. 왼발 무릎은 직각으로 벌려 넘어지지 않게 중심을 잡는다.

04 ▸ 양손은 상대방의 바지를 밀어주며, 고개를 숙인다.

05 ▸ 머리를 왼쪽 뒤로 빼낸 뒤, 머리를 상대방의 오른쪽 무릎 바깥에 붙여 눌러준다. 엉덩이를 떨어뜨리며 왼손은 상대방의 목을 파서 사이드 포지션을 점유한다.

Triangle Choke Escape ❸

트라이앵글 초크 탈출 ❸

Technique
198
Escape

01 ▶ 상대방이 트라이앵글 그립을 만들면, 오른손으로 상대방의 오른쪽 무릎 안쪽을 잡는다.

02 ▶ 오른발을 세우며 상체를 들어준다.

03 ▶ 왼손은 바닥에 붙이고 상체를 틀어준다.

04 ▶ 이마를 바닥에 붙이며 화살표 방향으로 회전하여 오른발을 상대방의 몸 위로 넘겨주고 머리를 빼낸다.

05 ▶ 왼발을 화살표 방향으로 회전시키며 상대방의 목을 파고 등이 바닥에 붙도록 밀어 사이드 포지션을 점유한다.

Triangle Choke Escape ④

트라이앵글 초크 탈출 ④

01 ▶ 상대방이 트라이앵글 그립을 만든 상황

02 ▶ 양손으로 상대방의 바지를 잡고 고개를 들며 허리를 펴준다.

03 ▶ 엉덩이를 바닥에 붙이며 양발은 상대방의 복부 위로 감싼다.

04 ▶ 상체를 뒤로 젖히고 상대방의 다리를 머리방향으로 밀어 자신의 머리를 빼낸다.

05 ▶ 오른손으로 상대방의 오른발을 밀면서 왼발은 빼내고 자신의 오른발은 접어준다.

06 ▶ 왼손은 목을 파며 사이드 포지션을 점유한다.

Omoplata Escape ❶

오모플라타 탈출 ❶

01 ▸ 상대방이 오모플라타를 시도하는 상황

02 ▸ 상대방의 왼손 소매를 오른손으로 잡는다.

03 ▸ 오른쪽 어깨로 상대방의 왼쪽 무릎을 눌러주며 상대방의 머리 위로 오른발, 왼발 순으로 넘어간다.

04 ▸ 양발이 넘어간 후, 왼손으로 상대방의 목을 파며 사이드 포지션을 점유한다.

Omoplata Escape ❷

오모플라타 탈출 ❷

01 ▶ 상대방이 오모플라타를 시도하면, 왼손은 바닥을 짚고 왼발은 펴준다.

02 ▶ 왼손은 대각선 아래로 펴주고, 왼쪽 다리는 허벅지가 바닥에 닿게하며 왼쪽 어깨 방향으로 회전한다.

03 ▶ 왼손으로 상대방의 왼쪽 무릎 바깥을 잡고 바닥으로 밀어주며 일어난다.

04 ▶ 왼손으로 목을 파며 양발은 상대방의 다리를 넘어가 사이드 포지션을 점유한다.

Americana Lock Escape
아메리카나 락 탈출

Technique 202 Escape

01 ▶ 상대방이 사이드 포지션을 점유하고 아메리카나 락을 시도하는 상황

02 ▶ 오른손은 상대방의 몸 안으로 넣어 오른쪽 골반을 받치고, 엉덩이를 높이 들어주며 왼손을 바닥에 붙인다.

03 ▶ 화살표 방향으로 회전하며 왼발, 오른발 순서로 상대방의 등 뒤로 넘어간다.

04 ▶ 왼손 팔꿈치는 상대방의 머리 옆에 붙이며 오른손으로 상대방의 무릎을 당기며 사이드 포지션을 점유한다. (리버스 스카프 홀드 상태)

Bow And Arrow Choke Escape

보우 앤드 에로우 초크 탈출

01 ▶ 상대방이 백마운트를 점유해서 왼손으로 목을 파고 오른손으로 무릎을 잡아 초크를 시도하는 상황

02 ▶ 양손으로 상대방의 왼팔 소매를 위로 밀며 화살표 방향으로 머리를 빼낸다.

03 ▶ 상체를 틀어 어깨를 바닥에 붙이고 엉덩이로 상대방의 왼발 허벅지를 깔고 앉는다. 왼발을 뻗어 상대방의 다리 사이로 빼낸 후 오른쪽으로 몸을 비틀며 일어난다.

04 ▶ 왼발이 상대방의 오른쪽 무릎을 넘어 하프 가드로 전환한다.

Scarf Hold Escape ❶

스카프 홀드 탈출 ❶

Technique 204 Escape

01 ▸ 상대방이 오른손으로 목을 파고 상체를 숙여 압박하는 스카프 홀드 상태.

02 ▸ 오른손은 상대방의 겨드랑이를 파서 양손을 맞잡는다.

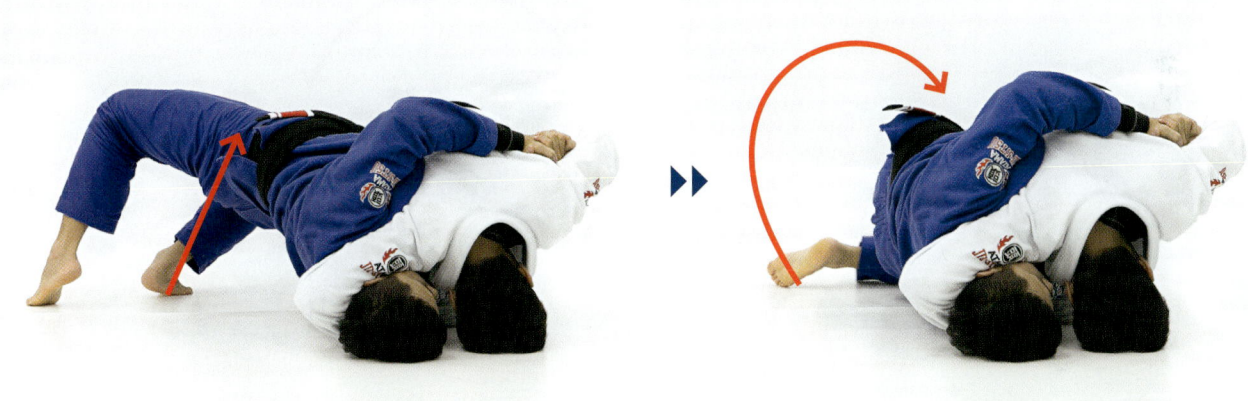

03 ▸ 오른쪽 어깨방향으로 엉덩이를 높이 들어준다.

04 ▸ 상대방이 되돌아오기 위해 체중을 실을 때, 반대 방향으로 회전하며 상대방을 넘긴다.

05 ▸ 사이드 포지션을 점유한다.

Scarf Hold Escape ❷

스카프 홀드 탈출 ❷

01 ▶ 상대방이 오른손으로 목을 파고 상체를 숙여 압박하는 스카프 홀드 상태.

02 ▶ 오른쪽 어깨방향으로 엉덩이를 들며 오른발을 상대방의 무릎 뒤에 붙인다.

03 ▶ 왼발 뒤꿈치를 상대방의 왼쪽 허벅지에 걸어준다.

04 ▶ 오른쪽 무릎을 상대방의 다리 사이로 집어넣어 엉덩이를 상대방의 엉덩이 밑으로 틀어주며 화살표 방향으로 틀어 상대방을 들어올린다.

05 ▶ 엉덩이를 틀어 상대방이 옆으로 떨어지면 오른발을 상대방의 허벅지에 걸고 백마운트를 점유한다.

Scarf Hold Escape ❸

스카프 홀드 탈출 ❸

Technique 206 — Top Position

01 ▶ 상대방이 오른손으로 목을 파고 상체를 숙여 압박하는 스카프 홀드 상태.

02 ▶ 왼손으로 상대방의 얼굴을 화살표 방향으로 밀어주며 엉덩이를 왼쪽을 틀고, 왼발을 상대방의 목에 걸어준다.

03 ▶ 상대방이 발을 빼려고 왼손으로 밀면,

04 ▶ 오른발은 상대방의 왼팔 팔꿈치 안쪽에 걸고 뻗어준다.

05 ▶ 양발을 꼬아준다.

06 ▶ 양발은 뻗으며, 양손으로 상대방의 오른팔을 잡고 머리를 화살표 방향으로 빼낸다.

07 ▶ 오른손은 바닥을 짚고 상체를 세운다.

08 ▶ 상체를 틀며 왼손으로 겨드랑이를 파고 스카프 홀드 자세를 만든다.

Leg Drag
레그 드래그

Technique 207 KIDS

01 ▶ 상대방이 양발로 골반을 받치고 있는 오픈 가드 상태에서 왼손은 상대방의 오른발 바지를 잡고, 오른손은 발목을 잡는다.

02 ▶ 아랫배를 앞으로 내밀며 양손은 상대방의 오른발을 자신의 골반 옆으로 당긴다.

03 ▶ 오른쪽 무릎은 상대방의 다리 사이로 구부리며, 오른발 발등은 상대방의 왼발 무릎 뒤쪽을 받쳐준다.

04 ▶ 왼손으로 잡은 상대방의 오른발 바지를 대각선으로 밀어주고, 오른손은 상대방의 왼쪽 목깃을 잡는다.

05 ▶ 자세를 낮추며 오른팔 팔꿈치를 당겨 오른쪽 무릎에 붙여 상대방의 오른발을 가둬준다.

06 ▶ 왼손은 상대방의 목을 파고 오른손은 상대방의 겨드랑이를 파서 양손을 맞잡는다.

07 ▶ 오른발은 상대방의 골반을 받치며 사이드 포지션을 점유한다.

Berimbolo

베림보로

Technique
208
KIDS

01 ▶ 오른손은 상대방의 벨트, 왼손은 상대방의 발목을 잡고, 상대방의 오른발 무릎 안쪽에 자신의 왼발 발등을 걸고 있는 데라히바 가드 상태.

02 ▶ 왼손은 발목을 잡고 오른손은 벨트를 당긴다. 오른발은 바닥을 힘껏 밟으며 왼발로 상대방의 오른쪽 골반을 밀어서 상대방을 뒤로 넘어뜨린다.

03 ▶ 오른손으로 잡은 벨트는 끌어당기며 머리를 상대방의 엉덩이 방향으로 회전한다.

04 ▶ 왼손은 상대방의 왼발 바지를 잡고 자신의 왼발을 아래로 내려주며, 상대방의 엉덩이 방향으로 이동한다.

05 ▶ 왼손은 상대방의 왼발 바지 끝을 잡고, 자신의 왼발 정강이로 상대방의 왼발 무릎 뒤쪽에 걸어 벌려주며, 상대방의 등을 점유한다.

06 ▶ 상대방의 등으로 이동해 오른발은 상대방의 오른쪽 허벅지에 걸어준다.

07 ▶ 오른손은 목을 감고 왼손으로 겨드랑이를 파서 양손을 맞잡고, 양발은 허벅지에 걸어 백마운트를 점유한다.

저자 : 이정우 , 이정용

저자 이정우, 이정용 형제는 2003년 브라질리언 주짓수 수련을 시작하여 올해로 16년차인 국내 브라질리언 주짓수 1세대 입니다.

수 년 동안 브라질리언 주짓수의 종주국인 브라질과 유명 선수들이 지도자로 활동하는 미국에서 일정 기간 동안 교육을 받고, 세계적인 수준의 대회에도 참가하여 입상 하였습니다. 이정우관장은 브라질리언 주짓수 역사상 커다란 파장을 일으킨 Ricardo DeLaRiva 선생님의 직계 제자이며 2012년 블랙벨트를 사사 받았습니다.

현재 연고지는 서울이며 영등포구 당산에 위치한 본주짓수 아카데미를 본관으로 사용하고 있습니다.

이정우관장은 대한민국 브라질리언 주짓수 1세대로서의 책임감으로 주짓수 기술서에 대한 수련인들의 니즈에 부응하기 위해 오랜 기간 이 책을 준비해왔습니다.

『브라질리언 주짓수』는 현재 전국 40여 군데 본주짓수 지부 총괄을 맡고 있는 이정우관장이 직접 만든 본격 주짓수 기술서입니다.

브라질리언 주짓수를 시작하시는 분들이 충실한 길라잡이로 활용할 수 있도록 주짓수의 기초와 기본기를 체계적으로 다루었고, 본주짓수 이정우관장의 전문적이고도 상세한 설명과 각 포지션별 핵심 기술을 사진으로 보다 쉽고 자세하게 배울 수 있도록 하였습니다.

BRAZILIAN JIU-JITSU
Lee Bros 208 Techniques

STAFF

DEMONSTRATIONS	LEE JUNG WOO
	LEE JUNG YONG
	LEE TAE KYU
SPECIAL THANKS	RICARDO DELARIVA
	MAURO PORTO - ATAMA
	KIM JAI HYUN
	HAMAJIMA KUNIAKI
	LEE SEUNG HYUN
EDIT	TAKEHIRO MORI
PHOTOGRAPHY	SATOSHI NARITA
DESINGN	TAKEHIRO MORI

BON JIU-JITSU
www.bonjiujitsu.com/

 Instagram
www.instagram.com/bonjiujitsu/

 Twitter
twitter.com/bonjiujitsu

 Facebook
www.facebook.com/bonjiujitsu

BRAZILIAN JIU-JITSU
Lee Bros 208 Techniques

초판인쇄 | 2019년 2월 27일
초판발행 | 2019년 3월 19일
저자 | 이정우 · 이정용
발행인 | 김상일
발행처 | 혜성출판사
발행처 주소 | 서울시 동대문구 난계로26길23 삼우빌딩 A동205호
전화 | 02)2233-4468   FAX | 02)2253-6316
출력 | 삼진프린텍
인쇄 | 키움인쇄
등록번호 | 제6-0648호
hyesungbook@live.co.kr

정가 25,000원

ISBN 979-11-86345-38-2 (03690)

* 이 책의 무단복제 또는 무단전재는 법으로 금지되어 있습니다.